立志、工作、成功，是人类活动的三大要素。

立志是事业的大门，工作是登堂入室的旅程，

这旅程的尽头就有成功在等待着，来庆祝你努力的结果。

职场生存智慧

李婷婷◎编著

中国言实出版社

图书在版 编目(CIP)数据

职场生存智慧 / 李婷婷编著. -- 北京 : 中国言实
出版社, 2017.6
　　ISBN 978-7-5171-2475-7

　　Ⅰ. ①职… Ⅱ. ①李… Ⅲ. ①大学生－职业选择－基
本知识 Ⅳ. ①G647.38

中国版本图书馆CIP数据核字(2017)第172683号

责任编辑：宫媛媛
封面设计：浩　天

出版发行 中国言实出版社
　　　地　　址：北京市朝阳区北苑路180号加利大厦5号楼105室
　　　邮　　编：100101
　　　编辑部：北京市海淀区北太平庄路甲1号
　　　邮　　编：100088
　　　电　　话：64924853（总编室）64924716（发行部）
　　　网　　址：www.zgyscbs.cn
　　　E-mail：zgyscbs@263.net
经　　销 新华书店
印　　刷 三河市天润建兴印务有限公司
版　　次 2017年9月第1版　　2017年9月第1次印刷
规　　格 880毫米×1230毫米　1/32　印张8
字　　数 200千字
定　　价 38.00元　　　ISBN 978-7-5171-2475-7

前　言

　　又是一年毕业时，又是一年求职季。莘莘学子开始走出大学校园，走出象牙塔，寻找适合自己的工作，开启自己的职业生涯之路。选择一份适合自己的工作，给自己提供一个发展的空间，对于大学生来讲，是非常重要的。因此，毕业求职也就成为大学生人生道路上重要的一步。面对就业这场"没有硝烟的战争"，为了获得一份满意的工作，大学生好似千军过独木桥，从前期的准备工作到面试、签协议、试用期工作等都一直尽心尽力，不敢有丝毫的怠慢，唯恐一不小心就失去了发展自己的舞台，失去了成长的机会。他们个个八仙过海，各显神通，以各种方式来推销自己。

　　大学生在求职的过程中，会遇到很多的问题，如怎样为自己

进行职业定位、如何制作一份成功的简历、掌握什么样的求职技巧，以及如何顺利度过试用期、远离求职陷阱等。针对以上问题，本书作了详尽的介绍，以帮助大学生成功就业，顺利开始自己的职业之旅。

目　录

第一章 定位自己

第二章 个人简历

第三章 面试的准备

第四章 关于试用期

第五章　求职陷阱

第一章　定位自己

第一节　　认识自我

在生活中，很多人都希望找到既适合自己，自己又喜欢的工作。但是要想找到一份好工作，却并不是一件容易的事情。我们经常会遇到这样一些人，他们孜孜不倦地寻找一份完美的工作，为此，他们选择了一次又一次，权衡了一次又一次，在他们的选择与权衡中，也错过了一次又一次。为什么这样的现象频频发生？其实原因主要有两个：一是对自己不了解，也就是自我认识不够；二是对职业现状不了解，盲目就业。因此，只有充分认识自我，在认识自我的基础上了解职业现状，做到知己知彼，才能找到适合自己发展的职业之路。

据说在希腊帕尔纳索斯山南坡上，有一个驰名古希腊的戴尔波伊神托所。在神托所入口的石头上刻着：认识你自己。在当时，人们认为这句格言就是阿波罗神的神谕。古希腊哲学家苏格拉底经常引用这句格言，这句格言几千年来也一直提醒着人们认识自我、把握自我、设计自我、实现自我。

漫画家蔡志忠曾经说过："做人最重要的就是要了解自

己。有人适合作总统，有人适合扫地。如果适合扫地的人以作总统为人生目标，那只会一生痛苦不堪，受尽挫折。"一个人能否在事业上顺利发展，一个根本的原因就在于能否找到一个最适合自己发展、能最大限度发挥自己才能的职业岗位。因此，为了找到适合自己发展的岗位，首先就要认识自己，了解自己，这也是成功就业的前提。一方面，大学生应该有意识地探索、认识自身的性格、气质、兴趣、能力和情商等自身方面的因素；另一方面，大学生还应该对各种职业的特点有一个全面客观的把握，了解不同职业所需要的专业知识、基本技能，以及对从业者的要求。通过综合比较衡量两方面的信息来确定自己合理的职业发展方向。

认识自我、探索自我的过程实际上就是自我暴露和解剖的过程，探索的内容包括自己的价值观、气质、个性、兴趣、技能、能力和情商等。通过这种对自我目标、环境以及状况的综合分析和鉴定，你就可以更好地选择自己的职业道路，更快地到达成功的巅峰。

有些人在找工作的时候，不结合自己的实际情况，认为不同种类的工作具有不同的社会地位，总是向往自己认为社会地位较高的职业，而结果往往是事与愿违。其实，所有的工作都是有价值的。清扫街道的清洁工和规划未来的设计师一样重要，教师和修鞋匠一样重要。如果没有清洁工人，如果没有修鞋匠，那么我们的生活会是怎样？我们的社会还会是这样的井然有序吗？

前几年，北京大学某毕业生毕业后以卖肉为生，这件事情

曾经引起社会的广泛关注和评论。其实，这本无可非议，评价一个工作的好坏，并没有统一的标准。从就业角度看，学历与工作没有必然的对等关系。在社会主义市场经济条件下，一个人的价值不应该以其身份的高低而论，而应以其对社会的贡献大小来衡量。

大学的教育只是教给我们一种思维方式，教给我们一种眼光、一种学习训练与独立的能力、一种对生活永不停止的追求精神、一种认知事物的基本能力。大学毕业后从事什么职业，完全可以根据个人的综合能力、兴趣和社会的实际情况来重新定位与规划。

美国的哈佛大学既希望他们培养的学生成为各方面的领袖，但同时也鼓励学生从事各方面的工作，包括到社区工作。在美国加州或者纽约，一些中国的高级知识分子，开餐馆的、跑单帮的、做小买卖的也时常可见。我们的大学生有很多不切实际的想法，研究生也是这样。现在就业市场完全是市场导向，所以，大学生毕业后去从事第三产业的工作也是很正常的现象。我们经常会说"行行出状元"，北京大学的学生可以卖肉，那么还有什么工作我们不能做呢。

除了北大学生卖肉，还有复旦学生卖蛋、国外哈佛大学毕业生开出租车，这些都是十分正常的现象。有人说，这是人才浪费，教育资源损失，其实这种说法是不正确的。这说明整个社会的就业观还是不够成熟，仍将职业分为"三六九等"以及高低贵贱，将上好大学与好工作画上了等号，对成才的模式做了最"理想"的规划。这同时也折射着整个社会的发展观，还

用老眼光看待一些行业、一些工作的发展，没有想到随着社会的发展，很多工作的内涵将发生质变，同样的工作，会因为知识和技术的革新而改变成另一个全新的模样。

这种旧式的观念和眼光，不但局限了大学生的择业范围，也影响了整个社会的协调发展。在一些发达地区、一些热门行业积聚了大量的优秀人才，而另一些较偏远的或是不发达的地区、一些普通的或是不景气的行业，人才流失严重，更是难以获得优秀人才青睐，发展的脚步因此跟不上时代的需要。

可是在韩国，有一种国际出租车，司机不少有大学学历，他们会说外语，甚至能担任国际导游，可以说，大学生加盟出租车司机队伍，改变了整个行业的形象，并提高了行业的服务水平，这也是值得我们中国学生借鉴的地方。不以成败论英雄，不以学历选人才，创造良好的用人环境，当三百六十行的各个职业都有大学生的身影，而我们都对此习以为常的时候，整个社会的劳动价值观念才真正发生变化，整个社会才能得到和谐、健康、持续的发展。

第二节　　正确评估自己的实力

在大学校园里，你也许是个优秀的学生，但当你走出校园的时候，环境变了，周围的一切也都在发生着变化。过去的荣耀只能成为你前进的动力，不足以成为你骄傲的理由。这时你要开始一段新的历程，需要重新认识自己，给自己一个准确的定位，这也是求职成功的第一步。给自己定位包括很多方面，比如工资、福利待遇、工作内容、工作环境上的定位，以及对期望公司的定位等，这些直接关系到你求职的效果。

在选择职业时，有些问题不得不考虑：你的爱好、能力是什么？喜欢什么样的工作？为什么喜欢？为了得到这份工作，会遇到什么样的障碍？需要付出怎样的努力来克服这一切？这份工作对从业者的要求是什么，你的优势又在哪里？在找工作的过程中，需要不断地问自己这些问题。当你清楚自己所要的前景和自己相关的条件时，你就会不断地努力实现自己的愿望，最终达到自己的目标，这就是心理暗示的作用。心理学研究发现，善于给自己的生活作出计划的人往往比较勤奋、

进取，擅长理性思考，对生命成长的每一个阶段都能很好地把握，能主宰自己的命运。不过，所有的一切都必须从正确地认识自我开始，所以探索自我是择业的前提，正确评估自己的实力则是择业的基础。

《伊索寓言》里有一个故事：一天，森林里百兽聚会，大家都拿出自己的看家本领，尽情地欢乐。有一只金丝猴为大家表演了它的舞蹈，获得了全场热烈的掌声。在一旁观看的骆驼看到金丝猴的舞蹈如此受欢迎，也耐不住了，也想为自己赢得掌声。于是它也要求为大家跳舞。结果，它笨拙的动作，毫无美感，赢得的只是大家的一片嘘声。骆驼羞愧难当，居然哭了。想得到大家的赞美，最后换来的居然是嘲笑与讥讽。骆驼之所以会有这样的结局，就是没有正确评估自己的实力，发挥自己的特长。一个人只有发挥自己的长处，才能获得成功，如果以自己的短处和别人的长处相比较，那么换来的只能是失望和失败。

每个人都是一个独特的个体，不同的个体之间存在着或大或小的差异，这是不可改变的事实。而不同的工作对人的要求也是不一样的，因此在找工作的时候，每个人都要根据自己的实际情况，根据自己的实力，寻找适合自己的职业，既不能高估自己，也不能自我贬低。

吴琼是金融专业的毕业生，毕业后到广东的一家二级分行从事基层工作。到单位上班的第一天，人事科长带着吴琼了解了一下工作环境，并把他的上司计划科的科长和同事一一介绍给他。吴琼表面上很是谦虚，对每个同事都面带微笑，内心里

却看不起他们。因为他们不是中专、大专，就是自考的，怎么能和自己一个正规大学的本科毕业生相提并论呢？

等介绍完同事之后，吴琼就迫不及待地问计划科科长自己的工作是什么。科长说："工作先不用着急，你先熟悉一下环境再说。"一个星期之后，科长交给吴琼一项任务：写一份月度信贷和现金分析报告。吴琼心想：这真是小菜一碟，自己一个晚上就能搞定，这下可以大大地展示一下自己的才华了。吴琼参考了《金融时报》、《金融研究》等杂志，旁征博引、洋洋洒洒地写下了7000字，第二天一早就交给了科长，心想肯定会得到领导的表扬。

几天后，分析报告打印出来了，但却不是吴琼写的那份。吴琼心里很是不服气，窝了一肚子火去找科长评理。科长不紧不慢地说："我们写分析报告，实践的成分多，那种宏观的理论不适合我们。别人看我们的分析报告是想知道这个月的存款和贷款的变化情况：为什么储蓄存款增加了？是工资增加了，还是股市下跌，或者是国库债券发行了。贷款为什么增加或者减少，是哪家企业发生的？那天我给你不少的资料报表，你好像没有看。"听完这一席话，吴琼感到很惭愧，没想到第一轮自己就这样输了。

后来，科长交给吴琼财务报表，让他学学编信贷和现金月报。吴琼在学校学过工业、商业和银行会计，这么几十行数字实在比他以前学到的简单得多了。可是不知道什么原因，看似简单的数字，吴琼就是做不平。下班时，科长问吴琼做好没有，他很不好意思地说："对了好几遍，负债方还是比资产方

多了256万。"科长让小李——一个中专生看看，他在15分钟之内就把资产负债表给做平了。原来吴琼把贷方的128万错看成借方的128万了。当时，吴琼真的恨不得有个地缝钻进去。

从那以后，吴琼才真正地意识到自己有些高傲，没有正确地看待自己。于是他改变了以前的态度和作风，踏踏实实做事，虚心向同事请教。年终时，他得到了提升。

吴琼很高兴，这不仅是个荣誉，同时也让他明白一个道理：要正确看待自己，别太把自己当个人物。

大学生在找工作之前也是不要太把自己当个人物，不要带有不切实际的过高的期望，那样反而会错过许多好的发展机会。

第三节　　职业机会评估

华夏心理网咨询论坛对网友进行了一次有关"如果你选择离职，是因为什么"的调查，数据显示：有28.2%的人表示自己离职，是因为公司没有提供学习成长的环境；而有37.35%的人则表明，是职业倦怠让自己不得不选择离开。显而易见，在职业生涯上出现迷惘的人中，有超过60%的比例是因为在处理自己和工作的成长环境关系上出现了问题，导致了自身职业生涯规划的模糊化。

因此，要想对自己的职业作出正确的选择，除了全面认识了解自我之外，还要了解就业环境，即对职业生涯的机会进行评估，看哪里有机会，而且是适合自己发展的机会，这样才能好好地把握机会，在人生的舞台上一展才华。

职业机会评估就是要充分认识和了解外界的工作环境，了解各种职业的发展状况，评估环境因素对自己职业生涯发展的影响。特别是要了解本专业和自己感兴趣的行业的形势以及发展趋势，从而为自己的职业选择做好准备。

具体地讲，主要是当前的整体就业环境和就业趋势，各行各业的现状及发展前景，自己面临的一些就业机会，以及自己的家庭环境等因素。要充分认识与了解相关的环境，评估环境因素对自己职业生涯发展的影响，分析环境条件的特点、发展变化情况，把握环境因素的优势与限制。只有对这些环境因素充分了解了，认识到职业发展的局限和可能，才能做到在复杂的环境中避害趋利，使你的职业生涯选择具有实际意义。

职业机会评估主要包括社会环境分析和组织（企业）环境分析。

社会环境分析主要是包括对社会政治环境、经济环境、法律环境和文化环境等宏观因素的分析和职业环境的分析。社会环境对一个人的职业生涯的确定和以后的发展都有着重要的影响。现在我们面临一个非常好的宏观环境：社会安定、政治稳定、科技发展、文化繁荣……这有利于个人职业生涯的顺利进行。

在作职业生涯规划时，特别需要注意的是职业环境分析。对职业环境进行分析，就是要认清自己所选择的职业在大环境中的发展状况、技术含量、社会地位和未来的发展趋势等。需要考虑的问题是：当前的热点职业有哪些？发展前景怎么样？社会的发展对该职业会产生怎样的影响？这些问题都要好好地分析总结。

此外，进行组织环境的分析是我们职业生涯规划的核心问题。因为你要选择的企业将与你的未来发展息息相关。组织环境分析主要包括行业环境分析和企业环境分析。

1.行业环境分析

行业环境分析包括目前所从事的行业和将来想从事的目标行业的环境分析。行业分析的内容包括：行业的发展状况、国际国内政治环境对行业发展的影响、行业存在的优势以及未来的发展趋势等。

有的人把行业等同于职业，其实这是错误的。行业是企业的集合。从事同类销售的企业或提供类似服务的企业达到一定的数量才形成一个行业。分析行业的时候，一定要结合大环境的发展趋势。科技的迅速发展会使某些行业如夕阳般逐渐衰落，也可以使某些行业如雨后春笋般不断涌现。此外，还要注意国家政策对此行业的影响，是鼓励还是制约，要尽量选择有前景、有发展前途的行业。

2.企业环境分析

每个企业都有自己的发展目标、发展轨迹和发展模式，分析企业的环境可以为以后迅速适应新环境打下基础。要想科学规划自己的职业生涯，就一定要把组织发展和个人发展结合起来，这样才能够如鱼得水。

企业的环境分析包括企业在本行业中的地位、现状和发展前景，具体包含以下三个方面的内容：

（1）企业实力

企业目前在本行业中具有怎样的实力？占据怎样的竞争地位？发展前景怎样？有很强的生命力吗？是不是只有个"空壳"？企业的发展领域在哪些方面？在社会和本行业中的地位和声望如何？这些都需要你细心观察、认真了解，以免耽误了

自己的发展。

（2）企业领导人

企业领导人的为人、能力和抱负对企业的发展来说也是一个非常重要的因素。因此在进入企业之前有必要对企业的领导人进行一番了解。可以从以下几个方面入手：主要领导的能力能够带领员工开创新的天地吗？他们是真心想干一番事业，还是只想为自己谋取私利？有没有发展的眼光？用怎样的方式来管理员工？是否尊重员工？领导人就如企业这艘船上的掌舵手，决定着企业的前进方向。

（3）企业文化和企业制度

企业文化是企业的员工在长期的生产和经营活动中形成并共同遵循的基本信念、价值标准、最高目标和行为规范。企业文化代表一个企业的核心竞争力，是影响企业经济效益的重要因素。如果一个人的价值观和企业的文化有冲突，那么不仅影响企业的发展，个人也不会有什么作为。

企业文化存在于每一个员工的心底，可以从员工的日常行为中体现出来。优秀的企业有优秀的企业文化，没有优秀的企业文化就不会有优秀的企业。你要考虑企业的文化是否与自己的价值观相符，你是否认同这种文化？从某种角度看，企业文化反映了企业领导人的抱负。

企业的制度范围比较广，涉及许多方面，包括管理制度、用人制度、培训制度等，尽可能多了解这些信息，分析这些信息对自己将来的发展会产生怎样的影响。需要特别关注的是企业的用人制度，能提供教育培训机会吗？个人的发展空间有多

大？待遇提升的空间又有多大？

对于企业的选择，专家给出了一些建议：在选择企业时，企业大小并不重要，应从企业发展和个人发展的态势来看，择业的重心应依企业规模而异。也就是说，大型企业选文化，中型企业选行业，小型企业选老板。其实，不管你选什么样的企业，都要考虑到自己在企业中的发展空间、企业的发展潜力、自己的目标在企业中实现的可能性等方面。

调查显示，近31.3%的求职者将"城市开放程度和人文环境"作为选择就业城市首先考虑的因素；"更多的就业机会"也是考虑的重要指标，占受访者总数的22.09%；选择"薪资待遇"和"企业发展前景"的人数不相上下，分别占到19.42%和18.94%。可见，以往以薪酬为导向的就业观念正在发生转变，机会多、待遇优、个人发展空间广、企业体制完善成为求职者选择就业的综合考虑因素。

也许你的专业在就业时会受到限制，让你"没得选择"；也许某些职业显得很热门，你会不由自主地跟着别人一起选择。其实，你要特别注意的是，就算你真的"没得选择"，也要选择一个与你目标接近的职业，再静待时机寻求转换。不要盲目追随热点行业，再热的行业都有可能会冷，再冷的行业将来也有可能转热。会计行业、游戏软件开发行业就证明了这一点。

进行职业机会评估时涉及对就业区域和就业公司的选择。职业区域可能是城市，也可能是农村；可能是经济发达的特区，也可能是经济一般或贫困落后地区。对职业区域进行选择

时要考虑到职业区域的具体特点，比如该地区的特殊政策、环境特征，职业所在的行业现状和发展前景如何，因为职业角色的发展与职业所在的行业的发展有着密切的关系。此外，对企业的选择也一定要慎重。不能仅看重单位的大小、名气，还要了解企业规模、企业结构、企业文化、企业发展状况、人力资源规划、人力资源管理系统类型、晋升政策、人际关系等一切与职业发展有关的企业因素。要改变企业因素非常困难，但个人可以选择到最适合自己发展的企业中工作。

大学生应该通过多种途径，获取目标就业区域、目标行业、目标职业、目标企业的相关信息，同时结合自己的专业情况、就业机会、家庭环境、社会需求等因素，理性评估职业机会。在进行职业机会评估时要综合运用多种途径，如互联网、报纸杂志、人才招聘会、校园招聘会、社会实践和职场人士访谈等。互联网虽然方便快捷，但可信度不高，采用职场人士访谈以及其他较为直接的可信度高的信息渠道会比较好些。

在进行外部环境分析时，要了解外部的环境，分析环境对职业发展的要求、影响及作用，对各种影响因素加以衡量，评估环境因素对自己职业生涯发展的影响，并作出反应，以便更好地进行职业选择和职业生涯规划。只有对这些环境因素充分地了解，并认识到职业发展的局限和可能，才能做到在复杂的环境中避害趋利，使你的职业顺利发展。

大学生由于缺乏社会经验和判断力，在选择职业时，往往有些盲目性。很多时候，家人的选择会对他们最终的选择产生很大的影响。适当听取家人或者朋友的意见是必要的，但最关

键的还是要由自己来决定自己的职业，做自己的主人，自己的路自己走，自己的人生自己规划。

在我毕业的时候，由于缺乏判断力，曾经放弃了去山东一所大学教书的机会。其实，我是很想教书的，但当时在大连已经把协议签了，家人又觉得离家远，所以就放弃了教书的机会。后来在大连那家外资企业工作了几个月后，我发觉对外贸易的工作并不适合我，但此时去大学教书的机会已经离我远去。于是我只身来到北京，寻找新的职业方向，开始自己的职业探索之路。如果在大学的时候，我能对职业规划有所了解，对自己和外界的环境有个正确的认识，很好地规划自己的人生，也就不会走这么多的弯路了。

另外，还有一些大学生由于经济拮据，在毕业时迫于经济压力，择业时只考虑工资而未考虑企业的其他情况，从而导致盲目就业。

小王是一所名牌大学热门专业的大学生，学习优异，毕业时，很多公司向小王发来了录用函。因为小王家在农村，经济状况不太好，学费都是贷的款，毕业时迫于经济压力，他必须尽快地上班，多挣钱。所以，他自然就选择了一家看起来薪水较高的公司。小顾是小王的同学，由于家庭条件好，小顾因此并不十分在意薪水的高低，选择工作时进行了理性的筛选，最后选择了一家自己比较感兴趣的且很有潜力的公司。后来的情况是，小王越来越发现自己并不适合先前选择的这份工作，而且公司也在走下坡路，小王的高薪很快一去不返，于是小王又面临重新择业的问题；而小顾所在的公司却越发展越好，工作

也是得心应手，小顾的工资也因此水涨船高。

同样优秀的他们，最后的发展却出现很大的差异。其实，小王失败的关键就在于他过分看重眼前的高薪而没有对未来的发展作出理性的选择和规划。大学生在择业的时候，要综合考虑各个方面的情况，不能只看高薪，要学会树立正确的薪酬观。

在找工作的时候，会遇到一些好机会，但是可能工资很低，这时候你就要学会处理机会和低工资二者的矛盾。你可以这样想：机会不是经常有的，虽然工资不多，但你可以得到锻炼，通过锻炼来提升自己的能力。从前，在商铺里学徒的徒弟有好几年的时间都是没有收入的，只是白干活，为的是学本事，等到成了伙计的时候，才有资格拿到薪水。随着时间的推移，你的本事会越来越大，想雇用你的人也会越来越多，你的身价也在逐步地上升，你的期望值也随着开始增加、欲望也开始膨胀。当你不再满足别人给你开出的身价的时候，你可以做老板的合伙人。在晋商中有"顶身股"之说，这就是股份制的前身。如果你觉得自己完全有能力打造一片属于自己的天空，那么你就可以再上一个台阶，自己另起炉灶，开创属于自己的基业。

这个过程中的各个阶段是划分明确的：学徒不可能拿到伙计的工资，伙计也不可能拿到掌柜的工钱，如果谁想超越等级界限提出违反职场规则的身价，只会遭到淘汰的命运。

从学徒到掌柜的过程是漫长的，并不是所有的人都能经得起这样漫长的等待。很多人由于各种各样的原因只停留在伙计

的层面上，最后真正坚持下来走向顶峰的人是少之又少。

虽然我们所处的时代与过去有很大的差异，但是其中所包含的哲理还是值得借鉴的。不论什么时候都要遵循这样一条规律：价值决定存在，实力确定位置。你没有资本，没有具备这个位置要求的实力，这个位置就只能是属于别人，你就不会有机会来获得它。

面对一个适合自己的、可以促进自己发展的职位，如果雇用单位的薪水比业内的同行低，但是有成长的空间，也不要轻易地放弃。

曾经看到过这样一个故事：

一个快递小伙子，其貌不扬，20岁出头，戴着厚厚的眼镜。与其他送快递的人不同的是，他穿着厚厚的西装，打着领带，皮鞋也擦得很亮。说话的时候，还会有些害羞，脸红。而他的同行都是穿着休闲装、平底鞋，个个能说会道。

那是他第一次到小朱的单位送名片，西装、领带、皮鞋，全套的装备，只说了几句话，说自己是哪家公司的，然后认真地用双手放下名片就走了。小朱的同事都说他傻，穿皮鞋送快件，也不知道累。

第一次送信函的时候，还有些紧张，单子填完，慎重地看了好几遍才说了谢谢；收费找零钱的时候，谨慎地把零钱用双手递过去，像是在完成一个庄重的仪式。

因为他的厚厚的眼镜和西装革履，他的沉着和谨慎，大家都喜欢找他送快件。他比别人认真很多，要确认签收人的身份，又等着签收人打开，看其中的物品是否有误，然后才走。

因此，他送一个快件要比其他人花费更多的时间，赚钱的机会自然就少了些。

在"五一"放假之前，这个小伙子西装革履地来到了小朱他们的办公室，手里面还拎着一袋橘子。他把橘子放到茶几上，然后不好意思地说，他的第一份业务是在这里拿到的，所以给大家买点水果，谢谢大家照顾他的工作，祝大家劳动节快乐。

这是他送快件以来说的最长的一段话，虽然办公室里的人都不好意思收，但他还是执意把橘子留了下来。橘子有些酸，但却让人的心里感觉甜甜的。后来小朱他们有快件或者物品就找他送，还把他推荐给其他的部门。

时间长了，交往得多了，大家也就开始熟悉起来。而他在夏天很热的时候，也穿着衬衣，多数是白色的，而且领口扣得整齐，穿着皮鞋。小朱的同事说他不像是送快递的，倒像是做保险的。

他解释说，卖保险的能那么认真，做快递的怎么就不能？而且领导在培训的时候告诉他们，去见客户的时候一定要衣衫整洁，这既是对对方的尊重，也是对自己职业的尊重。

闲聊中了解到他家是农村的，中专毕业，学的是财会专业。当时找工作时不太好找，有一份快递的工作就干了，干着干着自己也开始喜欢上了这份工作。大家都为他感到惋惜，但他却说："快递也用到财会知识，需要很好地统筹才能提高效率。比如，根据不同的区域、不同的业务对客户进行分类，业务多的客户一般送什么，送到哪里，私人的如何送。通常看到

电话就知道客户的具体位置，大概送什么，需要带多大的箱子……"看似笨笨的小伙子原来是一个有心人。

两年之后，当小朱再次打电话给这个小伙子的时候，来的却是另外一个年轻人。从新来的小伙子那了解到：原来他升为主管了，马上就要到外地当分公司的经理了。因为他是公司唯一有学历的快递员，是唯一坚持穿西装的快递员，是唯一建立客户档案的快递员，是唯一没有接到客户投诉的快递员……

一个中专生，在快递的岗位上认真地工作了两年多，最终被提拔。这件事足可以引起我们的思考。并不是说我们大学生一定要从快递等服务性行业做起，而是说不管从事何种工作都要踏踏实实，只要自己有能力，所有的努力就一定不会白费。

曾子墨在接受银行面试时曾经说过这样一句话："人应该有长远目光，作为职业生涯中的第一份工作，最重要的不是薪酬的多少，而是你学到了什么，能让你终身受益。"

是的，薪酬并不重要，重要的是你所从事的工作、所收获的一切对你将来会产生怎样的影响。

第四节　明确方向与目标

在对自己和职业机会进行评估之后，就要对自己未来的发展方向作出选择，明确自己的职业发展方向和目标。

目标对人有一种激励的作用，就像沙漠中的绿洲能给人以希望和前进的动力。对于志向远大者来说，没有目标，就如同黑暗中没有灯光一样，难以行进。所以，凡是志向远大者，都会有明确的发展目标，他们会始终关注自己该走什么样的职业发展道路，什么样的选择会对自己更加有利，从而精心规划自己的职业生涯。没有目标或目标不明者，则多会安于现状，在迷茫中度过生命中的每一天。比如，在择业问题上，他们常常会因为没有职业目标而随便找个工作先凑合，"先挣钱吧"。

职业目标的设定，是在充分认识自我、对职业机会进行评估后，对职业发展方向作出的抉择。这种抉择是在对主客观条件分析的基础上，以自己的最佳才能、最优性格、最大兴趣、最有利的环境等信息为依据，科学地作出的。职业生涯目标的设定，是职业生涯规划的核心。一个人事业的成败，很大程度

上取决于有无正确适当的目标。没有目标的人，如同驶入大海的孤舟，四野茫茫，没有方向，不知道自己走向何方。一个人只有树立了目标，才能明确奋斗方向，目标犹如海洋中的灯塔，引导你避开险礁暗石，走向成功。

在树立自己的目标时，有一个重要的问题一定要明确：你究竟想涉足哪个领域？因为每个人的能力和兴趣爱好或多或少只适应某些行业，而且，在将来的发展中，每个行业的前景是不一样的。你要像经营者考虑自己要生产的产品或服务一样，考虑自己的发展方向。这就涉及你是专攻一个领域，还是选择作通才？传统的观点认为，作通才是明智的选择，选择作专才无疑是把所有的资本押在一个赌注上。然而，选择作通才也是有很大风险的，因为有些公司对待专业人才（稀缺资源）会更重视些。在明确了自己的职业方向之后，就要考虑：自己应该学习哪些知识和技能？要通过什么方式获得工作经验，需要什么人、什么资源才能达到自己的职业目标？李亦雯的故事，相信会给大学生朋友以启发。

李亦雯，武汉人，2002年考入北京外国语大学德语系。2006年在她毕业之前，她陆续接到牛津大学、伦敦经济政治学院、巴斯大学、德国洪堡大学、柏林自由大学、卡瑟尔大学、维也纳大学、华盛顿大学等12所世界名校的录取通知书。李亦雯被她所申请的世界各国学校全部录取。其中有6所大学提供了奖学金。而她放弃了令无数人朝思暮想的牛津大学，选择了英国伦敦政治经济学院与维也纳大学主办的"全球化研究"。她是怎样取得这样骄人的成绩，又为何作出那样让人吃惊的选择

呢？

在校期间，李亦雯是"好学生"的典范，成绩好，人缘好，是学生干部。参加各种社团和学生会活动会花费一部分时间，为了不耽误学习，她牺牲了休息和娱乐时间，每天的生活都在教室、食堂和图书馆间打转，平均每天的学习时间达到12小时，练习德语到了嘴巴肿得张不开、嗓子疼得发不出音、用多了小舌头老想吐的地步。

大二的时候，有的学生开始放弃北外的学业，前往德国留学，李亦雯也开始担忧起自己的未来，开始寻找自己的方向。大二的寒假，李亦雯费尽百般周折成了武汉西门子公司的实习生。实习期间，恰遇德国西门子总公司执行副总裁博格先生第一次到中国开会。博格先生要求，他在日常对话中用德语，在会议期间正式讲话用英语。那所公司在没有找到满意的双语翻译的情况下，只有求助于19岁的李亦雯。

那时，李亦雯发现自己在学校里的勤奋没有白费。她通宵达旦地花了几天时间熟悉公司业务，匆匆上阵。会议上，李亦雯准确地用英语翻译博格先生的讲话，会下轻松地用德语与他聊天，介绍武汉的风土人情。临上飞机离开中国前，博格先生主动为李亦雯写了工作推荐信。

短短两周的实习让她发现了自己还有很多考高分以外的能力：沟通力、亲和力、应变力。但是直觉告诉她繁杂的文职工作并不是毕业后的首选。

大二的暑假，作为学校的交流学生，她去了德国，还顺便旅游了法国、比利时、卢森堡和荷兰。在欧洲的一个月，留学

的决定在她心中逐渐清晰起来。

为了确定自己的兴趣，她开始尝试各种社会实践。她说，大三整整一年，她听了数百场讲座，去欧盟商会参加酒会，去上海做德国机械产品展会，在中央电视台实习，到国家发改委听负责人用英语介绍国家"十一五"规划……有些活动，甚至是逃课去参加的。

读大三的李亦雯通过德国在中国的一个官方文化交流机构，认识了德国著名纪录片导演克里斯蒂安。在克里斯蒂安到中国传媒大学作学术交流活动时，李亦雯担当他的翻译。

李亦雯还尝试着做商人。一次寒假，她回武汉老家，从武汉的汉正街买了一堆手机链、发夹、包包等小零碎，准备到学校练摊。可至今，这些东西一样也没卖出去，全锁在抽屉里。她笑称，自己实在没有勇气到食堂那样人山人海的地方吆喝。

经过实践和摸索，她根据自己的兴趣和优势把申请重点放在传媒、经济和历史上。大三她参加了英语托福和德语达福这两个专门的语言水平考试，她决定既申请英国、美国，也申请德国、奥地利这些德语国家的学校。

大四的时候，由于李亦雯成绩和各方面表现都很出色，外交部、商务部到北外招人，德语系首推李亦雯。而且，只要她愿意，保送读研的条件也符合。放弃稳妥而又安全的国家部委工作和唾手可得的保研，走结果不可预测的漫长而又烦琐的出国留学这条路，尤其是报考世界著名大学，这对年轻的她来说，风险极大。李亦雯的父母也犹豫了。"我到底追求什么，需要什么？"李亦雯无数次地问自己。

经过几个漫长的黑夜，李亦雯感到自己最渴望的是出国继续读书。她搬出了寝室，在学校附近租了一间小房，放弃了很多国家部委与世界500强企业的面试，潜心准备出国。

李亦雯的留学申请材料很"诱人"：托福考了630分，总分20分的德语达福考了19分。大学学习成绩每门课都在90分以上，连续4年名列第一、第二名。她担任过系学生会主席，承担过多次大型活动的组织工作。2006年被评为北京外国语大学优秀毕业生。留学申请材料，至少要有3封推荐信。李亦雯准备了5封，其中一封是欧盟商会在北京的负责人写的。接下来是一次又一次面试……

在李亦雯收到12所学校的录取通知的时候，她也曾徘徊犹豫过，尤其牛津和"全球化研究"两者之间选择哪个让她难以决定。最后，她找了两张A4纸，把两个大学的优势和劣势列得满满的，然后问自己：李亦雯，学校名声和学科兴趣，究竟什么对你重要？他人的羡慕还是自己的游学经历？如果从虚荣心的角度或者是以后找工作的需要，应该选择牛津，可是从专业的角度看，自己对全球化研究更感兴趣。最后李亦雯选择了后者：维也纳大学和伦敦经济政治学院。第一年，她将在维也纳学习世界史。第二年，她将在伦敦研究经济史。两年后，她将拿到两所大学颁发的"全球化研究"硕士学位。

这个由欧盟提供奖学金的研究项目，总共在全球录取50名学生，其中有24名获得奖学金，中国只有4人获得了42万元人民币的全额奖学金。李亦雯是其中之一。

总结自己大学4年的生活，李亦雯说："我们最需要的

不是全A的成绩单，不是计算机二级证书，不是学生会主席的头衔。我们应该不停地问自己：我的兴趣是什么？我的优势在哪里？我到底向往怎样的生活，期待何种未来？如果对这些问题的答案不确定，可以通过各种实践让自己逐渐地明确。虽然这些答案会不停地变化，但远远比不去问、不知道答案要好得多。正如那句至理名言：'没有自省的人生是不值得活的。'"

读后讨论题

（1）你找到自己的位置了吗？

（2）对自己真的了解了吗？

（3）你应该在哪儿发挥自己的能力？

第二章 个人简历

第一节　简历要求

　　简历，即一个人简单的履历，应该简洁、清楚地勾画出自己的基本面貌和个性。招聘单位对语言简洁、条理清晰的简历也是偏爱有加，一份简历应该在招聘者手里只需1~2分钟就可以阅完。一位招聘人员曾经说过，忙的时候，一小时要看几十份简历，如果不能迅速获取有效信息，这份简历就不会被过多关注。一份好的简历就应该简明扼要，而且符合学生朴素的风格。

　　用人单位在收到求职者的简历之后，首先看简历写得如何，再看基本条件、学历、经历；最后是能力、潜能和性格。在招聘现场，由于人多，招聘人员看一份简历有时候甚至不到一分钟，只是大概地浏览一下，如果简历上没有吸引招聘者眼球的内容，那么这份简历就被淘汰了。所以，你的简历一定要精简且突出自己的特色，让用人单位在第一时间里对它"一见钟情"。总的来说，一份好的简历要做到以下几点：

一、言简意赅，篇幅精短

言简意赅，篇幅精短是对求职简历最基本的要求。有些没有经验的求职者觉得简历越长越好，认为这样的简历会引起用人单位的注意，可以让招聘单位全方位地了解自己，实际情况并非如此。

有的简历封面做得像广告一样，彩色打印、彩色封面，从封面到内容都给人一种华而不实的感觉，有些夸张；有的简历长达几十页，目的当然是为了吸引用人单位的注意，但这种做法往往会适得其反。

招聘人员每天会收到很多的求职简历，工作非常忙，一般在粗略地进行第一次阅读和筛选时，每份履历所用时间不超过1分钟。当简历如小山一样堆积在一起的时候，哪位人事经理会把注意力集中在如书本一样厚的简历中，像皇帝批阅奏章一样认真地看每一份简历呢？如果简历的篇幅太长，叙述啰啰嗦嗦，招聘者在阅读的时候难免会遗漏部分内容，甚至缺乏耐心，不能完整细致地读完，这样很容易忽略简历中的闪光点和那些重要的内容，这当然对求职者是很不利的。冗长的简历不仅会淡化阅读者对主要内容的印象，还会让招聘者觉得求职者是在浪费他的时间，甚至得出求职者做事不干练的结论。言简意赅、流畅简练、令人一目了然的简历，在哪里都是最受欢迎的，这也是对求职者的工作能力最直接的反映。如果你能用一页纸就抓住主考官的心，你的求职就成功了一半。

二、内容真实，实事求是

内容真实、实事求是是简历制作最基本的要求，因为企业

对于求职应聘者最基本的要求就是诚实。诚实地记录自己的情况、描述自己的经历，能够使阅读者首先对你产生信任感，增加求职成功的可能性。企业负责招聘的人事经理，阅历都很丰富，对简历有敏锐的分析能力，遮遮掩掩或夸大其词终究会漏出破绽，何况虚构的事实未必经得起面试的考验。

海涛是北京某大学英文系学生，他在网上得知，某公司正在招聘英文翻译，便想投份简历试试。在填写"工作经验"一栏时，海涛犯愁了：自己所有的工作经验只不过是家教之类，而对方却要求"具有相关的工作经验"。难道这一行空着不写？不行，那样肯定会被淘汰的。海涛想了想，在上面填上了"曾在某公司担任短期翻译"。

原来，一次，海涛曾在王府井某餐馆吃饭，当时正好碰到一家外企的英方工作人员在此就餐，因无法与服务员沟通而急得满头大汗。海涛适时地发挥自己的专长，充当了临时翻译，替他们解了急。于是，海涛就在自己的简历中添加了这样一笔。

面试的时候，招聘人员拿着简历，指着"工作经历"一栏问海涛："你是何时担当该外企临时翻译的？"

海涛没有想到招聘人员会这么问，这也正是他感到心虚的地方，所以当时就愣住了。镇定了一下，他回答道："我是今年进入该外企从事翻译的，没有过几天，因为学校开学就只好中断了。"

招聘人员看着海涛的眼睛，小声问道："当时你是在翻译部门的哪一位工作人员的手下工作？"

　　海涛再次愣住了。他想，反正招聘人员也不一定了解那家外企的人事安排，索性随口编了一个："我的工作主要是协助一位姓王的先生。"

　　招聘人员皱皱眉头，微笑着告诉海涛："我是刚从那家公司跳槽过来的。我走之前，所有的用人都要经过我那里，但是，我不记得公司用过临时翻译。而且，公司的翻译也没有姓王的先生。尽管你可能有自己的理由，但你的诚信度确实让人怀疑。"

　　最后，海涛没有得到这份工作。但他得到了一个深刻的教训：简历一定要真实，要有基本的诚信度。

　　类似海涛这种做法的求职者并不少见，他们会采取一些自认为聪明而实际上却是并不明智的做法：某一段经历可能不太好，故意遗漏，从而造成履历不连贯；在叙述工作业绩的时候，弄虚作假，夸大自己的责任、权力、经验和业绩；隐瞒跳槽的真实原因。比如，将被迫辞职说成是领导无方、公司倒闭描绘成怀才不遇等。其实任何一个有经验的招聘人员只要仔细阅读分析，很容易就可以鉴别履历的真实性。过分渲染自己的能力，天花乱坠地描述，只会令人感到反感。因此，与其费尽心机在简历上弄虚作假，不如实事求是地反映事实。

　　"纸是包不住火的"，虚伪的欺骗最后只能换来悔恨的泪水。你要相信：只要你有真才实学，就一定会找到属于自己的发展空间。

三、介绍全面，突出重点

　　简历是对个人基本信息的简短的介绍，目的在于让一个

陌生人在很短的时间内了解你的基本情况。如果把你的人生履历比作一本书，那么简历就是一本书的内容提要或是简介，可以让人们了解你，并吸引他们继续看下去。因此，要特别注意简历内容的完整和全面，以使对方对你尽可能有比较全面的了解。

一般情况下，简历应当包括以下基本内容：姓名、性别、年龄、家庭住址及户口所在地、联系方式、教育背景及学历、专业、外语水平、计算机水平、工作经历、培训经历、爱好特长、简单的自我评价以及其他重要或特殊的需注明的经历、事项等。最好是中英文两份简历，有的单位要求看英文简历，特别是一些外企。同时附上有关证明文件的复印件。

在对自己进行全面介绍的过程中，还要突出重点。一份没有亮点的普通简历是不会吸引人注意的，招聘者只会在浏览一遍之后就把它当成废纸扔到一边。要想吸引招聘者的眼球，就一定要在简历中体现出自己的特点和与众不同之处。所以，简历一定要突出重点，展现自我，比如个人能力（计算机能力、语言能力、沟通能力、人际交往能力等）、特长和工作经验等方面。

工作经历包括雇用型的工作，也包括实习、社团和社区的工作。把社会工作放在工作经历中，这样会填补大学生工作经验少的缺陷。比如，你担任社团或学生会干部期间曾经组织过何种活动，联系过什么事，参加过什么活动都可以列举出来。对于大学生，用人单位对工作业绩不会抱有太高的期望，但如果你有一些能体现自己能力的成就就更好了。

四、区别对待，合理定位

简历除了简洁明快之外，还要针对应聘的职位进行合理定位。不同的企业、不同的公司、不同的职位对应聘者的要求也是不一样的。我们知道，雇主是在寻找适合某一特定职位的人，这个人将是数百名或更多的应聘者中最合适的一个。因此，如果你的简历陈述没有工作和职位重点，或是把自己描写成一个适合于所有职位的人，你很可能将无法在任何求职竞争中胜出。盲目地将一份标准版本大量拷贝，效果会大打折扣。

用人单位都想知道应聘者的条件是否符合招聘的要求，你一定要把自己的优势在简历中体现出来。用人单位不了解你，他们对你是否有资格胜任工作的判断是由简历来决定的，简历决定你是否有资格进入下一轮面试。因此，求职者应该事先对要应聘的职位进行必要的分析，然后有针对性地设计简历。要根据企业和职位的要求，巧妙突出自己的优势，给人留下鲜明深刻的印象。但注意不能简单重复，这是整份简历的点睛之笔，也是最能表现个性的地方，应当深思熟虑，不落俗套，写得精彩、有说服力，而又合乎情理。争取给用人单位留下深刻的印象，为下一轮的面试打好基础。

另外，如果你有多个求职目标，最好针对每个不同的目标制作不同的简历，这样才会使你的简历在众多简历中脱颖而出。如果有封面的话，封面文字的主体内容就要体现出求职目标。明确的求职目标展示了一种清晰的方向感。要知道，面对众多应聘者，人事经理没有时间和精力去为你寻找适合的岗位，这也不是他的职责所在。

五、用词准确

简历中的用词准确主要是指语句通顺，不能有病句、错别字，不使用拗口的语句和生僻的字词。有的求职者出于吸引招聘人员的眼球或是显示自己有才华的目的，故意用些生僻的词句，这样做的结果只会让人产生反感，甚至会觉得这个人很古怪。

简历中的错别字往往被人们所忽略，实际上，这正是求职者应该注意的地方。据调查，很多人事主管反映他们最讨厌有错别字的简历。有的人甚至说："当我发现错别字的时候，我会停止阅读。"为什么用人单位会对错别字这样反感呢？因为多数用人单位都会觉得在简历上出现错别字的应聘者素质不高，而且可能做事不够认真负责。连短短的简历都会出现错别字，谁又能保证他在工作中会兢兢业业、认真负责呢？所以，简历中一定不能有错别字。

外文简历更要注意不能出现拼写和语法错误，一般招聘人员考察应聘者的外语能力就是从一份履历开始的。同时也要注意行文准确、规范。简历是实用型文体，文风要平实、沉稳、严肃，句式应以简明的短句为好，以叙述、说明为主，不适合引经据典、抒情议论。

有的人在写简历的时候喜欢使用许多文学性的修饰语，例如，"大学毕业，我毅然选择了……""工作几年，我为了企业发展废寝忘食，不分昼夜。当人们已经走进梦乡的时候，常常还能看到我办公室明亮的灯光……"结尾还有"共同努力，开创未来"之类的口号。面对这样的简历，招聘者只能一笑置

之。

六、版面美观

简历的版面会给人一个整体的印象，就像一本书的封面，如果太杂乱无章，就会给对方留下不好的第一印象，这种印象会产生晕轮效应，直接影响到招聘者对简历的内容和对应聘者本人的印象。因此，一份好的履历，除了以上对内容方面的要求之外，版面设计也是一个非常重要的因素，是真正的"第一印象"。

版面设计不能太花哨，要有类似公函的风格，要给人一种条理清晰、清新淡雅的感觉，这也能体现出求职者的基本职业素养。在整个版面中，标识要明显，分配要错落有致，段落不能过长，字体大小适中。排版要端庄美观，疏密得当。既不能为了节省纸张，密集而局促，令阅读者感到吃力；也不能出现某一页纸只有上面几行字，后面部分留下大片的空白的现象。一般情况下，都使用A4纸打印的文稿，如果你的字写得不错，还可以附上一篇手写的求职信，这样效果会更好。

此外，打印好的简历要认真存放，注意保持页面整洁。你也许觉得这本是无所谓的，但你确实不能忽略这一问题，有些人就是因为简历不整洁而与机会擦肩而过。

应届毕业生小张，在一次应聘工作的过程中，就因为他的简历的外观不整洁而失去了他向往已久的工作机会。事情的经过是这样的：

在参加招聘会那天，小张不慎碰倒了桌子上的墨水瓶，瓶子里的墨水有一点滴到了简历上，一连几页都被浸透了。为了

赶时间，小张并没有重新打简历，只把简历稍微晾干，便与其他资料一起放在包里，匆匆地赶往招聘会的现场。

在招聘会的现场，小张看中了北京一家房地产公司策划的职位。按照这家单位的要求，招聘人员先与应聘人员进行交流，觉得可以的就将简历留下，然后通知面试。

招聘人员问了小张三个问题之后，就向他要简历。小张有种受宠若惊的感觉，赶忙取出简历，这才发现原先的墨水痕迹没有干，这么一装，把其他的地方也弄脏了，打眼一看，已经不成样子了。小张没有办法，只好稍微展开简历，然后不好意思地把简历递了过去，并解释说是因为早上着急不小心把墨水洒在上面，没有来得及重新打印。招聘人员皱皱眉头，把简历收下了。

两天后，小张参加了面试。他表现得很好，无论是现场操作还是为虚拟的产品作口头推介，都完成得特别漂亮。身为学校戏剧社骨干社员的他，还即兴表演了一段小品，赢得了面试人员一阵热烈的掌声。当他结束面试走出办公室时，一位负责的女士告诉他："你是今天面试中表现最出色的一位。"

小张美滋滋地离开了这家公司，信心十足地等待录用通知。但是，面试过了一个星期，还是没有接到录用通知。他急了，于是忍不住打电话过去向那位小姐询问情况。小姐沉默了一会儿，告诉他："其实招聘负责人对你很满意，但你的简历使你失去了这次机会。老总说，一个连简历都保管不好的人，是管理不好一个部门的。你应该知道，简历实际上代表着你个人的形象。将一份污损的简历投出去，有失自己的严谨。"

经过这次教训，小张变得谨慎起来，他真切地感受到：决定人生成败的，有时候只是一个小小的细节。不管是找工作，还是在生活中，都应该注意每一个细节。

有的同学喜欢把自己的简历随便折叠塞到包里，结果拿出来的时候，已经布满褶皱了。这些都是需要注意的。

七、评价客观

简历中通常都会涉及对自己的性格、能力等方面的评价，评价的时候要力求客观公正，不带任何渲染的成分。行文中所表现出的语气要平和真实，体现出自己谦虚、自信、礼貌、诚实的态度。适当坦陈自己工作经验等方面的某些不足，反而会令招聘者对你的诚恳心生赞赏，从而对你的人品和素质留下良好的印象。现在有很多用人单位对一个人的人品、道德素质和合作精神等方面的重视程度超过了学历和技能。在优秀应聘者如云的激烈竞争中，有些获胜者就是因为这些非技能性的因素才最终脱颖而出。

毕业于上海某重点大学的侯晓晓，曾经有一次求职经历让他相当惭愧。因为编造求职经历竟然弄巧成拙，与原本一步之遥的一家公司失之交臂。

侯晓晓是学计算机的，各个方面的条件都不错。在学校时学习成绩优异，还担任了班干部和校学生会干部，社团活动的组织能力和人际交往能力都很强，各种资格证书也没有少拿，大大小小的接近十本，谁都觉得他找到一份好的工作是天经地义的事情。但面对激烈的人才竞争，他自己仍感到有压力，于是向一些成功就业的同学"取经"，得知在一些公司特别注重

的是大学生的实践经验，尤其是在一些大公司的项目经历。获得这一"秘籍"之后，晓晓开始精心地"制作"简历。其中在简历中重点加入了"在大学期间，曾到某名牌电脑公司实习过一段时间，并参与了多个重要项目的实施"这一条。

简历发出去不久，晓晓很快就接到市内一家IT公司的面试通知，他很高兴，欣然前往参加面试。晓晓对于招聘人员的各种面试回答得都非常出色，考官频频点头。

正在晓晓心中暗自得意的时候，一位负责人员突然提问："你在××公司实习过一段时间，能描述一下你在该公司的一些情况吗？"此时，晓晓的心跳加速，开始慌张起来，结结巴巴地凑了一段话回答。他注意到这时该负责人已经皱起了眉头。

结果可想而知，晓晓被该公司拒之门外。

因此，大学生在写简历的时候一定要评价客观，展现真实的自我。诚信是做人的基本原则，也是求职的基本理念。因为大学生多数没有工作经历，因此在写简历的时候，经常会有虚构工作经历的情况发生。其结果是"搬起石头砸自己的脚"。所以，一定要把握好分寸，既不能自吹自擂，脱离实际，也不能妄自菲薄，降低自己的身价。

第二节　简历中不利因素的避免

在写简历的时候，为了突出重点，以往的经历要有取舍地来写。以下是几点建议，也许会对你有所帮助。

一、工作间隙的处理

很多人在工作经历中有时间间隙，如果是因为求学、生育等原因可以如实地写进去。有的可能是一直在找工作，但却始终没有结果，这种情况有时可能会持续几个月的时间。其实这也无可厚非，在人才济济的当今社会，失业对于某些人来说已经成为家常便饭。即使是很有才能的人，有时候也会失去工作，成为待业者。其实，失业并不是什么难堪的事情，很多老板也有这样的经历。但传统做法还是将这段灰色的记忆抹去，有种技巧就是在简历上用："20××年至今"来表示你最近的一份工作，这样看来，你好像仍在工作。这种做法有时候是可行的，但也可能在面试中面试官会让你解释这个问题，这种做法会让你陷入无比尴尬的境地，甚至会失去本来有可能到手的工作机会。

因此，如果你失业已经有一段时间，那么就在简历上写上你最后离开单位的月份，然后可以写你在这段失业时间做的一些事情，比如看几本好书、进修、做兼职、自己做小生意等，这些都比虚构工作经历好得多。失业是很正常的现象，很多雇主也有这种经历，所以你不必为此而作不必要的掩饰。

在这样一个竞争激烈的社会，被老板炒鱿鱼就像太阳每天从东边升起一样正常。当然，被开除并不是什么光彩的事情，所以在简历中没有必要写出为什么离开原先的单位。一般被开除，可能是因为工作表现或是因为个人的人际关系问题，还有就是公司精简机构，进行裁员。这些也是常见的现象，并不意味着你在以后的工作中还会遇到这种情况。如果是工作表现或是人际关系的问题而被开除，那么当你再次找到工作的时候，就要在这方面特别注意。

简历中要展现你在以前工作中的成就，至于"为什么离开原来单位"这个问题可以留到面试的时候回答。常见的回答是，为了挑战自我，寻找更广阔的发展空间。

二、以往的工作经历与目前的目标职业无关

如果你现在找的工作和以前你所从事的工作毫不相关，那么你就可以采用技能简历，可以强调你在以往工作中所获得的且新的工作所需要的技能。转换行业并让雇主接纳你并不是件容易的事情，这时候你就要有充分的理由来证明自己有能力胜任目前的工作。你可以列举自己的能力，适当地加入成功的案例，还可以对将来要从事的工作进行计划，阐述自己将要实现的计划和目标。

你以前在学习和工作中的成败得失，你从原单位跳槽的真实原因，你想进入新公司的真实意图和今后想向什么方向发展，以及自己的发展目标等，都是用人单位最想要了解的。成功的求职者往往能站在自己和用人单位的角度来描述自己加盟以后对双方的好处，这样不仅增加了求职者的诚恳度，也更能引起人事经理的注意，增加自己成功就业的机会。

第三节　　中文简历式样和模本

一份制作成功的个人简历是开启事业之门的钥匙。正规的简历有许多不同的样式和格式。一份标准的大学生求职简历应该包含以下信息：

求职者个人信息：姓名、性别、出生年月、婚姻状况、健康情况、学历、专业、详细联系方式、住址、联系电话和户口所在地等。也可以把自己的邮箱和QQ号写在上面。

教育背景和培训经历：这里的信息应该能够证明你的知识水平和所拥有的技能和能力。教育背景从大学写起，由远及近，主要是求学时间和毕业院校；培训经历应注明培训的时间段和所取得的成绩、获得的证书等。

工作和实践经历：包括雇用型的工作，也包括实习、义务性和社团、社区的工作。其中自己收获较大的、能体现自己能力的，尤其是与目标职位相关的方面可以作为重点来描述，不是很重要的经历可以一笔带过。

外语和计算机能力：计算机达到什么样的水平、学了哪些

程序或是软件，获得何种证书；外语水平除了过级情况之外，还包括口语的情况、翻译水平等方面。

自我评价：个人的性格和能力、突出自己的人格魅力，还可以加入他人对自己的评价。

简　历

个人概况：

求职意向：

（说明自己期望工作的地点、行业、职位以及薪资要求。）

姓　　名：　　　　　　　性　　别：

出生年月：　　　　　　　年　　龄：

婚姻状况：　　　　　　　健康状况：

学　　历：　　　　　　　专　　业：

毕业院校：　　　　　　　户口所在地：

联系方式：　　　　　　　邮箱地址：

通讯地址：　　　　　　　邮政编码：

教育背景：

　×年×月至×年×月大学专业

　×年×月至×年×月大学专业

所修课程：

(如需要成绩单，请与我联系。)

获奖情况：

英语水平：

基本技能：听、说、读、写能力

标准测试：国家四、六级；TOFEL、GRE、雅思……

计算机水平：编程、操作应用系统、网络、数据库……

实践与实习：

　×年×月—×年×月公司部门工作

　×年×月—×年×月公司部门工作

（这部分是整篇简历的核心内容，也是招聘单位最为关注的部分。应聘者应把重点放在此处，同时根据求职目标，重点突出说明与求职目标相关的实践或是实习的具体内容与经历。一定要说出最主要、最有说服力的、最能体现自己能力的实践经历。写工作经验时，一般是先写近期的，然后由近及远按照时间的顺序依次写出。最近的工作经验是很重要的。在每一项工作经历中先写工作日期，接着是工作单位和职务。）

兴趣爱好：

自我评价：

（突出自己的个性，工作态度或他人对自己的评价等。）

其他：

附言：

（表明自己的志向、目标或是总结此简历的一句精练的振奋人心的话语。）

简历范本

个 人 简 历

姓　名：李新宇　　　　性　别：女

籍　贯：辽宁省鞍山市　民　族：汉

出生年月：1985年9月　政治面貌：团员

学　历：本科　　　　　所学专业：园艺

固定电话：0412-585××××　手机：13659214×××

家庭住址：辽宁省鞍山市铁西区××××

技能水平：

1. 掌握了土壤肥料、植物及植物生理、生态农业等基础知识和技术。

2. 掌握了花卉、蔬菜、果树、草坪等作物的栽培管理。

3. 具有较强的英语应用能力。

4. 能够运用所学知识分析和解决园艺作物方面的问题。

5. 能够熟悉地使用办公自动化设备。

6. 掌握各种作物生长与环境要素调节技术。

所修课程：《大学英语》《高等数学》《办公自动化》《土壤肥料》《农业气象》《花卉栽培》《蔬菜栽培》《果树栽培》《植物与植物生理》《园艺与园艺育种》《园艺植物保护》《作物栽培》《食用菌栽培》《农产品加工工艺》《农业经济管理》《田间试验与统计方法》《插花艺术》等。

自我评价：本人真诚善良，能吃苦耐劳，做事认真负责；性格开朗，善于与人交际，工作上有较强的组织管理和动手能

力，具有团队协作精神和较强的创新意识。

奖惩情况：

2004年学院首届田径运动会女子组1500米第八名；

2003～2004学年、2004～2005学年，获校二等奖学金；

2005年，获校书法比赛二等奖。

特长爱好：阅读、写作、听音乐、跑步、打球。

求职意向：希望从事与本专业相关或相近的工作。

第四节　英文简历制作

现在许多单位都希望应聘者有比较扎实的英文基础，特别是外企和一些涉外交往比较多的单位，一份出色的英文简历会帮助你给用人单位留下很好的第一印象。因此，你应该花费相当的心思来展示自己的英文水平，从而获得用人单位的青睐。也许你有着纯正娴熟的英文功底，但却不知道怎样才能让自己的英文简历在众多的竞争者中脱颖而出。这里介绍一些制作英文简历的技巧，或许会对正在求职的你有所帮助。

在确定了自己所要应聘的工作之后，就要针对招聘广告上对该职位的每项要求认真地进行研究，再将自己的学历、兴趣和能力逐条地与之比较、分析。这样就可以让求职者清楚地了解该职位是否适合自己，自己的条件是否符合要求。在明白了各项要求之后，求职者就可以有针对性地在简历中重点突出自己在该方面的优势，来吸引招聘者的眼球。在列述简历各项的时候，要注意以下几点：

1.在写自己所修课程的时候，不要以为越多越好，把所有的课程全部都写上，这样不会有什么效果，别人也没耐心看。把自己所修的主要课程和与应聘的职位相关的一些课程写在上

面就可以了。

2.很多学生每年都会获得奖学金，那么就可以一项一行。这样的话，可以写出三四行，甚至更多。

3.拉长句子。英文简历的句子不适宜太短，因此，每个句子都可以加入一些修饰语，拉长一些。拉长句子和冗长的赘述是不一样的，句子可以拉长，但不能冗长。

4.自然地多换行，多写点句。

5.加大字号。可将10号、小五号字改成12号、小四号字。

6.工作经验是简历中招聘者最为关注的一项内容，善加措辞是不可忽视的。刚毕业的大学生工作经验很少，那么就可以将社会工作、暑期工作放在社会实践中，这样就会填补工作经验少的缺陷。读书时的兼职、实习、实践，以及曾参加的一些课外活动——协助出版学校刊物，以及举办活动、展览、宣传……都可算是工作经验。例如，您在做团支书、学生会主席等社会工作时组织过什么活动，联系过什么事，参与过什么活动，都可以一一罗列。

不过，表达要有针对性地展开，列出那些与所找工作有关的项目重点介绍。作为大学生，用人单位通常并不指望你在暑假工作期间会有什么惊天动地的大成就，如果你有，当然就更好了。

7.教育背景中，只写大学的情况就可以。中学情况一般不用写。但如果在中学时得过全国性的大奖或是一些特别的奖励，也可以写上。比如，在奥林匹克竞赛中夺魁等。

8.如果应聘的是香港企业，简历中就要写年龄、婚否、工

资现状及预期工资。这些都属于隐私问题，美式简历则不要求提供这些信息。英式简历很接近港式，但个人资料没有港式说得那么多。

此外，还有几点需要注意的地方：（1）忌长句：不管中文还是英文，太冗长的句子都不会有人愿意看，啰唆的简历只会让人感到反感，甚至会怀疑求职者的做事风格也是啰唆的。（2）缩写：尽量不要缩写，因为外行人往往很难看懂，不要想当然地认为这是人所皆知的事情。（3）"I"的用法：正规简历中多用句点，以动词开头，是没有"我"的。当然若在简介中一定要用到一两次，也是可以的，忌频繁使用。（4）避免不利因素：写简历的原则是诚实，不撒谎，但有些内容不写并不等于骗人。简历中的任何字句都可能成为面试中的话题，因此，要善于扬长避短，尽量体现自身的优势，面面俱到反而会让自己被动。（5）"Reference available upon request."这句话的意思是如需证明，可提供见证人。这在许多英式、港式简历中经常出现，但是美式的简历则不要这样写。

写完简历之后，最好让同学或老师看看，因为别人会看出你没有注意到的错误，这样会避免一些错误，增加成功的机会。

第五节　　怎样写好求职信

求职信的作用和个人简历相似，但并不相同。求职信的作用是向用人单位展示自己，引起他们的注意和兴趣，对个人简历起到补充说明的作用。

一、求职信的结构

求职信一般由开头、引言、主体、结尾、落款和附录这六部分组成。

1.开头

开头部分是称呼，写在第一行的顶格。求职信的称呼往往比一般书信的称呼正规一些。称呼的对象应该是具体的负责人，一般是尊称加姓加职衔或官衔。尊称一般多用"尊敬的"。如果写给国家机关、事业单位的人事领导，则用"尊敬的××处长(局长、负责人等)"；如果写给外企老板，则用"尊敬的××董事长(或总经理)先生"。最好不要使用"敬启事"、"××老前辈"等不正规的称呼。当然有些自由体的求职信，也可以不要称呼。

2.引言

这一部分要交代你是谁，从哪里得到该公司招聘的信息，以及你为什么选择该公司等。比如，我很高兴在招聘网站上看到你们的招聘广告，我学的是某某专业，一直期望有机会加盟贵公司。如果你由一位朋友或是同事介绍给公司，就在信中提起他们。例如，很高兴得知贵公司目前在招聘某某职位，一位贵公司的资深客户推荐我前来应聘该职位。

3.正文

这是求职信的重点，也是主体部分，要简洁而有针对性地概述自己的简历内容。要突出自己的特点，使对方觉得你各方面的情况与招聘的要求相符合，写的时候可以从以下几个方面着手：

（1）介绍你个人的基本情况。在正文中简明扼要地介绍自己，重点是介绍自己与应聘岗位相关的学历水平、经历、成就等方面，让招聘单位从一开始就对你产生兴趣。叙述的时候注意语气，不能夸大其词，要以自己在学业和工作中所取得的具体的成就来证明自己。

（2）说明你能胜任该岗位工作的各种能力。这是求职信的核心部分，主要是向对方表明自己有这方面的专业知识和工作经验，有与该工作要求相符的特长、兴趣、性格和有关能力等。可以适当举例说明，总之，要让对方感到你能胜任这个工作。

（3）介绍自己的潜力。比如，向对方介绍自己曾经做过的各种社会工作，所获得的经验和所取得的成绩，证明你有潜

在的管理和组织才能，有发展和培养的前途，是一个可以委以重任的人才。

4.结尾

结尾部分应该把你想要得到工作的急切心情表达出来，同时希望对方尽快给予答复，能给自己一个面试的机会。此外，还要写上简短的表示敬意、祝愿之类的祝词以及自己详细的联系方式。注意语气要热情、诚恳、有礼貌。

5.落款

落款包括署名和日期。署名的时候应注意与信首的"称呼"相对应。在国外一般都在署名前，加上一些"你诚挚的××"、"你信赖的××"、"您忠实的××"之类的形容词，也可以什么也不写，直接签上自己的名字。日期一般写在署名右下方，最好用阿拉伯数字写，并把年、月、日全写上。

6.附录

如果用人单位没有要求一些证件，这一项就可以省略；如果用人单位要求一些证件，就要与求职信同时寄出这些有效证件，如学历证件、学位证书、获奖证书、荣誉证书等复印件，以及简历、近期照片等。在你写完求职信的时候，可在正文左下方一一注明，这样做，不仅方便招聘单位审核，还会给对方留下一个办事认真、仔细的好印象。

二、求职信的注意事项

写求职信的第一要求是实事求是，如实地叙述自己的能力和成绩，不需要任何豪言壮语，也不需使用任何华丽的词汇，只要让对方读起来觉得亲切、自然、实实在在就可以了。其次

是重点突出，文字简洁，有条理、有针对性，篇幅不能太长，字数控制在千字以内。最后，文笔要流畅，表达要准确。如果你写得一手好字，就要认真地写，这样既让对方欣赏到你的优点，又体会到你的诚意。如果你应聘的是外企，最好提供中、英文对照的求职信。这样一方面可以表明你的外语能力，另一方面也表明你对招聘单位的尊重。

三、写求职信应该避免的几大误区

1.套用其他人的求职信，不根据自己的实际情况来写求职信，结果是求职信不能体现个人的特点，不能发挥求职信的作用。

2.没有侧重点，不分主次，只是单纯地重复简历上的主要内容。

3.对公司的了解不够深入，或是过于强调自己能从公司学到什么知识技能或得到什么好处，而不提出自己能为公司做出什么贡献。

4.不实事求是地叙述自己的能力，不着边际地吹捧、抬高自己。

5.格式不够工整，缺乏美感。

四、求职信范例分析

下面是几封典型的求职信，我们不妨分析借鉴一下，看如何才能写一封成功的求职信。

例1：

××经理：

　　您好！

　　昨天，我从《人才市场报》上了解到贵公司正在招聘经理助理职位。看到这个消息我很高兴，我一直期望能有机会加盟贵公司。

　　一年前我毕业于首都经济贸易大学国际贸易专业，在校期间学到了许多专业知识，如国际贸易、国际贸易实务、国际商务谈判、国际贸易法、外经贸英语等课程。毕业后，曾就职于一家外贸公司，从事市场助理工作，主要是协助经理制订工作计划，进行一些外联工作，以及文件、档案的管理工作。

　　本人熟悉各种办公软件的操作，英语熟练，略懂日语。此外，具备一定的管理和策划能力，我深信可以胜任贵公司经理助理之职。个人简历及相关材料一并附上，希望您能认真考虑，给我一次面试的机会，期待您的面试通知！

　　我的联系电话：0411-5562×××。

　　感谢您阅读此信并考虑我的应聘要求！

　　此致

敬礼！

您真诚的朋友：×××

××××年×月×日

　　评析：这封求职信写得比较成功，重点突出，层次清晰，

用词真诚恳切。求职者对自己的情况进行了简明扼要的介绍，尤其是与应聘工作相关的方面，让对方对自己有了更深的认识，这样对简历就起到了补充说明的作用。

例2:

尊敬的王先生:

您好！今天我从招聘网站上看到你们的招聘信息，得知贵公司正在招聘一名会计。我对贵公司的情况有一些了解，我自信我的工作资格和能力完全符合这项会计工作的要求。

在大学里，我学的是商业会计专业，成绩优异。此外，我曾参加过计算机操作技能的培训和训练，这使我相信我能够在贵公司这样专业化和现代化水平较高的公司里，熟练地应用计算机处理各种会计业务；在商业写作、人际关系和心理学方面的训练，将会帮助我与公司客户建立密切、融洽的业务关系。

我曾在一家证券经纪公司做过两年的业余簿记工作，随后被提升到社会投资部任专职财务分析助理。去年9月，我为该公司分析和选择了一种特殊有效的税收保护计划，得到公司老总的赏识，公司因此特意给我加了薪。由于贵公司专门研究税收保护项目，我想我在这一专业领域内的工作经验一定会对贵公司有所贡献。

此外，我具有较强的组织和领导能力，曾任校学生会副主席，这使我能很好地与人交往和沟通，这对我以后的工作也十

分有利。

　　谢谢您在百忙之中抽出时间来阅读我的求职信，希望我有机会能到贵公司参加面试，期待您的回音。我会在下周二打电话给您，看是否能在您方便之时安排一次面试。

您真诚的朋友：×××

××××年×月×日

　　评析：这封求职信开头就抓住了对方的注意力，说明自己应聘该工作的信心。接着概述了自己具有目标工作所要求的求职资格和能力，然后说出了自己对公司业务的了解，以事实证明自己的工作能力。最后表明自己的希望，请对方给予安排会面的机会。

　　有的人在写求职信的时候，会犯一些错误，导致求职失利。常见的是口气傲慢，觉得自己很了不起，这样做的结果是令对方产生反感，导致求职失利。比如："贵公司的××总经理要我直接写信给您"，或者"××主管很关心我的求职问题，特让我写信给您，请多关照"。这种求职信，让收信人看后很不愉快，他会想：既然总经理(或主管)都有意了，你还写信给我干什么，真是多此一举。还有的写："希望得到贵公司的尊重、考虑和录用。"这种写法，事实上是在强迫对方，因为这句话给人的感觉是："你如果不录用我，就是对我不尊重，所以，你必须录用我，才能体现你的尊重。"在写求职信

的时候，一定要避免以上情况的发生，要谦虚谨慎，实事求是，把自己放在一个正确的位置上。

第三章　面试的准备

第一节　面试的形式

找工作是免不了要经过面试的，面试是用人单位考核求职者仪表、性格、知识、能力（语言能力、处理问题的能力、应变能力等）、经验、思想道德和人品等方面的内容，看求职者各个方面的条件和工作动机与期望是否符合本单位的要求。面试的形式有很多，依据面试的内容与要求，大致可以分为以下几种。

1.个人面试

个人面试是主考官与求职者单独进行面谈，目的在于考核求职者的知识和技能，观察其在特殊环境中的表现，判断其解决问题的能力，从而获得求职者的第一手资料。这类面试的特点是一对一，能够提供面对面的机会，可以让双方比较深入地相互了解，也可以就细节与个人特殊问题交换意见。

个人面试又可以称为问题面试，分为两种类型：一种是只有一个主考官负责整个面试过程，这种面试大多在较小规模的单位录用较低职位人员时比较常见；另外一种是由多位主考官

参加整个面试过程，但每次只与一位求职者进行交谈。公务员面试多数情况下采用这种形式。

2.集体面试

集体面试是很多求职者在一起进行的面试，又称小组面试，是指多位应试者同时面对主考官的情况。主考官主要对求职者在风度、教养、见识、人际交往能力、领导能力、洞悉及控制环境的能力等多方面进行考察。

在集体面试中，常见的是要求应试者作小组讨论，相互协作解决某一问题，或者让应试者轮流担任领导主持会议、发表演说等。无领导小组讨论是最常见的一种集体面试法。在主考官不直接参与、不指定召集人的情况下，应试者自由讨论主考官给定的讨论题目，这个讨论题目源于拟任工作岗位的专业需要，或是现实生活中的热点问题，具有很强的岗位特殊性、情景逼真性和典型性。在集体讨论的过程中，负责面试的考官与应试者之间保持一定的距离，不参加提问或讨论，而是通过观察、倾听来为应试者进行评分。

徐贺正在想象着面试主考官一个个面孔严肃、正襟危坐的样子，思考着面试时可能会问的一些常见的问题。比如，"你为什么应聘到我们公司""你认为自己能否胜任这项工作""你的特长是什么"等问题。

这时，一位笑容可掬的女孩来到徐贺等面试者等候的大厅，宣布"面试开始"。令徐贺感到惊奇的是她竟然一口气念了六七个名字，然后说："请随我来。"

女孩把他们带到会议室的房间门口，给每人发了一张纸

条，上面是一段新闻资料。女孩说："这次面试是无领导讨论，时间是40分钟。你们先看5分钟的材料，待会讨论一下这段材料有没有评论价值，评论点在哪里？进去的时候按照我刚才念名字的顺序依次就座，这样可以方便评委打分。"

走进房间，一位年近花甲、面容慈祥的老者坐在中间办公桌后面的沙发上，挨着老者的是一位年轻男士，他穿着随意，有些深藏不露的味道。一位年轻的女士靠窗而坐，手里拿着笔，看着是准备打分的样子。另外还有三位男士。那位老者身边的男士走到老者身边，恭敬地递上简历，之后对面试者说："恭喜你们进入这一轮面试，大家随便坐。这位是我们的老总，这几位是人事部的工作人员，我是人事部经理，你们开始吧，大家不用紧张。"

在面试官的对面，是7把空着的椅子，呈圆弧形排列。徐贺的位置在中间，但是最先发言的却不是他。那位人事部经理的话音刚落，一位女生便开始说道："我是××大学中文系的，对于这个问题，我先谈两句，算是抛砖引玉吧。"这"两句"一下子就说了足有4分钟。接着，话题被另外一个女生抢了过去。"我并不赞同你的观点，我认为……"这"认为"一开始，便没有结局，中间几乎没有停顿，如连珠炮似的，其他人连见缝插针的机会都没有，只能面面相觑。

徐贺还没有见过这种阵势，他想自己必须找个机会说话，否则就完了。但机会实在难寻，看着别人把该说的都说了，真恨自己没有掌握最先的发言权。在一个男生对自己的发言进行了总结之后，徐贺赶紧加入到讨论的行列中。但由于紧张，嘴

巴也不听使唤，结结巴巴的，上句不接下句，最后连徐贺自己都不知道自己要表达的观点是什么了。

看着评委的脸色，徐贺知道他们已经不在状态了。正当他苦苦思索如何结束自己的发言的时候，一个女生把话题抢了过去，这个女生更是厉害，说话如滔滔江水，没有丝毫停息的意思，其他人只有听的份儿。这时候，那个年轻的人事经理宣布还有最后一次发言的机会。可徐贺还是没有抢到，当评委宣布"面试结束"的时候，徐贺最先走出面试房间，他觉得这不是面试，简直是艺术学校的招生表演课。

当回到寝室，舍友问及面试的过程时，徐贺懊恼地说："什么面试，简直是抢说比赛！真见鬼！"他不明白，为什么自己这么不顺，不知不觉中成了"面霸"。

现在的面试形式很多，有些情况是无法预料的。在进行集体面试的时候，求职者入场时要向每一位考官微笑致意，争取给考官留下一个好的印象。此外，对于其他的求职者，也要问好致意。

集体面试的考官很多，这时一定要保持冷静，不能慌乱，认真倾听问题，从容不迫地回答。因为大家是在一起面试的，所以其他面试者的回答你也可以听到。需要注意的是不要打断他人的回答，对他人的回答也不要表现出轻慢、不屑一顾之色。在评论他人的观点的时候，不能"人云亦云"，要表达出自己的观点和想法。对于考官的提问要冷静分析，争取圆满地回答。

3.压力面试

招聘者有意识地向求职者施加压力，将求职者置于一种人为的紧张气氛中，然后让求职者接受诸如挑衅性的、非议性的、刁难性的刺激，以考察其应变能力、心理承受能力、情绪稳定性等方面。典型的压力式面试，是以考官穷追不舍的方式连续就有关问题或某一件事向应考者作一连串的提问，问题刁钻棘手。有时就好像要把应试者逼到墙角，让应试者有种透不过气的感觉。这种方式主要是考察求职者在特殊压力下的思维敏捷程度、应变能力、思考判断能力、气质性格和修养等方面的素质。有的考官故意提出一些令人气愤又无理的观点，考验应试者是否立场坚定，有主见。因此，在这种面试中，应试者应该事先有所准备。世界著名的交响乐指挥家小泽征尔的故事，可以给我们些许启发。

在一次世界优秀指挥家大赛的决赛中，小泽征尔按照评委会给的乐谱指挥演奏，但他却发现了不和谐的声音。起初，他以为是乐队演奏出了问题，就停下来重新演奏，但还是不对。他觉得是乐谱有问题，于是向在场的作曲家和评委会的权威人士提出这个问题。这时，在场的作曲家和评委会的权威人士坚持说乐谱绝对没有问题，是他错了。面对一大批音乐大师和权威人士，他思考再三，最后斩钉截铁地大声说："不！一定是乐谱错了！"话音刚落，评委席上的评委们立即站起来，报以热烈的掌声，祝贺他大赛夺魁。

原来，这是评委们精心设计的"圈套"，以此来检验指挥家在发现乐谱错误并遭到权威人士"否定"的情况下，能否坚

持自己的正确主张。前两位参加决赛的指挥家虽然也发现了错误，但终因随声附和权威们的意见而被淘汰。小泽征尔则因为坚持自己的立场而摘取了世界指挥家大赛的桂冠。

面试的时候也是这样，招聘者会故意出些你意想不到的问题来考验你，这时候你一定不能表现出不满、怀疑或是愤怒，一定要保持冷静，要暗示自己这只是面试的实际情况，要理智和保持风度，有礼貌地与主考官讨论问题。

4.非压力面试

与压力面试相反，气氛较为轻松。主考官与求职者自由发表言论，通过闲聊来观察应试者的能力、气质、谈吐与风度等。

5.结构化面试

结构化面试，是指面试题目、面试实施程序、面试评价、主考官构成等方面都有统一明确的规范的面试。结构化面试事先要对面试的各个过程进行策划，策划的内容包括面试的起始阶段、核心阶段、收尾阶段，主考官要做些什么、注意些什么、要达到什么目的等。正规的面试一般都为结构化面试，公务员录用面试即为结构化面试。

结构化面试有三个特点能体现结构化的特点：一是面试过程的结构化。在面试之前会对各个环节作出策划；二是具体问题的结构化。在面试过程中，主考官要考察应试者哪些方面的素质，围绕这些考察角度主要提哪些问题，在什么时候提出，怎样提，在面试前都会作出准备；三是评判结果的结构化。各个考官对应试者表现的评判角度，如何打分、如何划分等级等

都会有相应的统一的规定。

6.半结构化面试和非结构化面试

半结构化面试，是指只对面试的部分内容有统一要求的面试，而其他方面可以根据实际情况作相应的变化。比如，规定有统一的程序和评价标准，但面试题目可以根据面试对象而随意变化。

非结构化面试是对与面试有关的因素不作任何限定的面试，也就是通常没有任何规范的随意性面试，整个面试的过程都非常"随意"。面试的整个过程的安排、面试中要提出的具体问题、面试的评分角度以及面试结果的评定办法等，主考官事前都没有精心准备和设计。这种面试方式类似于人们日常非正式的交谈。除非面试考官的个人素质极高，否则很难保证非结构化面试的效果。因此，目前非结构化的面试很少。

7.一次性面试

一次性面试，是指用人单位只对应试者进行一次面试便决定录用与否。在一次性面试中，面试的规模比较大，面试的考官通常由用人单位人事部门负责人、业务部门负责人及人事测评专家组成。应试者能否通过面试最终被录用，就取决于这一次面试表现。因此，应试者面对这类面试，必须认真准备，全力以赴，尽量在面试中出色地展现自己。

8.分阶段面试

分阶段面试分为秩序面试和层层面试。秩序面试由初试、复试和综合评定三部分组成。初试一般由人事部门主持，主要考察求职者的仪表风度、工作的责任感和态度、进取心等方

面，初试合格者可以进入复试。复试一般由相关的主管人员主持，多以考察专业知识和技能为主，目的是考察求职者是否适合该工作岗位。复试合格之后再由人事部门和用人部门综合评定每位面试者的成绩，最终确定入选人员。求职者在复试之前，应该了解到复试可能涉及的内容和范围，精心准备复试的内容。

层层面试是由用人单位的主管领导以及一般工作人员组成面试小组，按照小组成员的职位的高低，由低到高依次对应试者进行面试。面试的内容因层次的不同而侧重点也有所不同。低层主管人员一般以考察专业及业务知识为主，中层领导以考察能力为主，高层领导则实施全面考察并拥有最终的决定权。层层面试实行逐层筛选、淘汰，随着层次的上升，要求也越来越严。面对这种面试，应试者应该对各层面试的要求做到心中有数，争取在每个层次都展现最好的自己。在低层次面试时，不能掉以轻心，持轻视的态度；在面对高层次面试时，也不必胆怯拘谨，要不卑不亢，自信地面对考官。

9.情景面试

由主考官事先用道具设计一个场景，提出一个问题或者是一项计划，请求职者进入角色模拟完成，目的在于考察求职者分析问题、解决问题、随机应变的能力和创新精神。有时候还事先设计一个情境用以考核求职者的道德水平、工作态度以及个人基本素质等方面。比如，求职者应聘的是办公室文员，那么就可能让他接个电话或是接待一位来访者；如果应聘的是教师，就可能让他模拟课堂教学，进行试讲。此外，还可能会出

现一些意想不到的测试，因此求职者要时刻注意身边的小事和有些违背常理的事情。

下面是一位名叫罗巍的同学的面试经历，相信会对正在求职路上奔波的你有所启示。

今天将是我面试的第三家公司了。想到毕业时师哥师姐说的种种应聘经历，我不禁紧紧地抱着自己的简历。看着旁边站着的竞争者们，我一边为中国人口的激增而感叹，一边为自己的命运担忧。

面试的人很多，公司将我们分成几组进行考核。一位白领丽人带着我们经过了笔试、上机操作的考核，一个上午就淘汰了一半的面试者，我很庆幸自己还留在这里，而与我同在一组的还有两个和我一样的应届毕业生和一个中年男子。

中午的时候我们同一组的留在一楼的客厅等候下午的面试。两个毕业生商量着出去买点东西吃，中年男子的电话响了，他出去接电话，客厅里只剩下我一个人在吃着方便面。

过了几分钟，那个白领丽人走了进来，我赶紧站起来。"就你一个人吗？"她四下看看。"嗯，有什么事情吗？""我过来通知你们下午的面试提前了，两点开始。""啊，可他们怎么办？"我有些庆幸，如果自己走了，也许就失去这个机会了。

"他们？看到就告诉一声，没有看到就算了，管好你自己就行了！"说完，白领丽人就离开了，剩下不知该何去何从的我。

我在进行着激烈的思想斗争：这个机会真的很难得，如果

他们不知道，我就会少了几个竞争对手。可要是这样做，我真的是于心不忍，那显得太自私，太不仁义了，对他们来说，也不公平。

正在我犹豫之际，那个中年男子回来了。我将通知告诉了他，但他并没有对我有怎样的感激之意，反而冷冷地说："你还不上去？"

这让我很气愤，我说："还有两个毕业生呢，他们也许还不知道呢。"

"你管的真宽，少两个岂不是更好！而且，你又没有办法通知他们，误了面试可是大事。"是的，我不能耽误自己的面试，我于是拿出笔想给他们留个便条，但转念又一想，还是等等看，万一他们看不到便条，岂不是错过了面试？

"你先上去吧，我来等他们。"我平静地对他说。中年男子像看怪物一样地看着我，估计是觉得我思想有问题。管他呢，做事情凭自己的良心，问心无愧就好。

客厅里静极了，只有墙上的钟在不停地嘀嗒着。可惜的是，我等到最后一刻，也没有等来他们，只好在门上贴了便条，然后就上去了。谁知刚走出电梯我就吃了一惊，那两个毕业生正在那谈笑风生，我真是瞎操心啊！我静静地站在面试间外等候命运的选择。那两个毕业生排在我的前面，不过出来的时候，脸色并不好看。我深呼吸，定定神，满怀信心地走了进去。

进去之后，令我感到更惊讶的是，那个中年男子也坐在评委席中，我有些失态，真不知道这个公司在搞什么名堂？

"你的条件我们已经很清楚了，所以这次面试只问你一个问题——听说你一直在楼下等他们，为什么要这样做？"坐在中间的评委开始向我问话了。我从思虑中回过神来："我觉得自己应该这样做。""把消息告诉他们，也许你就会被淘汰的。""是，我想过。但是一直以来我都认为给别人机会就是给自己机会。"我不假思索地说道，我看到了评委们会心地一笑，我感觉自己离成功不远了。果然，坐在中间的评委说："我们需要的不光是技术上的人才，还需要懂得合作的人才。欢迎你加入我们的行列。"

真没有想到，原来成功也可以用这种方式。我高兴地与几位评委握手，那位之前对我还怀有敌意的中年男子此时也显得那么平易近人。他悄悄地对我说："其实每个人都通知了，只不过这是最后一道考题。你的原则正是我们所欣赏的。"

我的心中荡漾着一种说不出的喜悦，我赢了，只是赢的方式很特别。

10.综合面试

综合面试是用人单位通过多种方式考察求职者的综合能力和素质。比如，用外语与其交谈，即兴表演、演讲，写一段文字或是操作一下计算机等，用来考察求职者的外语水平、口语和文字表达能力等方面。

上面所说的是几种常见的面试形式，在实际的面试过程中，招聘者可能采取一种或几种面试形式并用的方式。有时候，还会就某一方面的问题对求职者进行更广泛、更深刻的考察或测试，主要是为了选拔出更优秀的应聘者。求职者在面试

之前要对各种可能的面试形式有所准备，这样才不至于面试时慌乱，手足无措。

第二节　　面试前的准备工作

一、注意形象，留下良好的第一印象

虽然第一印象并不一定能准确地判断一个人，但大多数人还是喜欢凭借第一印象作出自己的判断，负责招聘的主管人员也是如此。从心理学上讲，在未与人沟通前留给人的第一印象是最初的20秒，而最初的20秒印象是由你的外在的整体的形象决定的。因此，大学生在参加面试之前，一定要对自己的整体形象进行设计，争取给用人单位留下良好的第一印象。

在装扮上要特别注意，如果企业文化是较休闲、不拘小节的，那你的打扮也不要太正式，以免使自己显得有些格格不入；如果企业文化是正规的，那么你的着装就要正式些。除了根据企业文化来着装之外，还要根据自己应聘的职位的性质来选择适当的穿戴。

工作了3年的公司突然宣布解体，刘云一下子被推进了"无业游民"的行列。

刚开始的时候，刘云的心情还不错，有点像被放飞的小

鸟，摆脱束缚，自由翱翔的喜悦一直涌动在心间。然而，在经历了几个月的看光碟、逛商店、上网闲聊等一系列昏天黑地的逍遥生活之后，她开始对这种生活感到厌倦、乏味，开始向往忙碌的生活，同时她也担心"经济危机"的到来。

刘云申请的是市场类的职位，但她是个在衣着上喜欢随意的人，不喜欢规规矩矩的服饰，一想到那样的装束就觉得浑身不自在，而且她觉得那样必然会严重影响她的发挥。况且刘云觉得自己要面试的这家公司也不是知名的大型企业，所以就随便挑了一身时尚而又不失严谨的深色衣服前去应聘。

从二十几层的电梯里出来，迎面是宽大气派的公司接待处，三四个着套装的前台小姐正忙着接听电话或为来宾登记。放眼望去，明亮敞阔的办公区里，职员们个个精神抖擞，男士笔挺的西服，女士一身优雅的套装。他们的举止神态差不多一样：庄重严肃，脚步匆匆，有的手持文件仔细推敲，有的面对电脑眉头紧锁，有的拿着手机侃侃而谈，有的高谈阔论表情激烈，似乎每个人都正处于水深火热的商战当中，而每一个细微的动作、眼神都会影响到纳斯达克指数的变化……

此时此刻，透过那扇豪华明亮的大玻璃门，刘云也看到了自己——那显然是刚从寒风中挣脱出来的头发、那因为几个月悠闲过度而疯长的体形、那傻乎乎东张西望的局促表情……这一切与周围的气氛是那么不和谐。刘云痛苦地闭上了眼睛，她知道"第一印象"的重要，于是她走回到电梯旁，迅速地、使劲地按下了向下的按钮。

吸取第一家公司面试的教训，在去第二家公司面试之前，

刘云决定不惜代价打造全新的自我——除了耗费"巨资"买下一身名贵套装外，还专门购置了一个精致的坤包和一双时髦的尖头皮鞋。另外，还做了头发，买了首饰，修了指甲，细致地做了个皮肤保养……尽管这些钱掷地无声，令刘云感到很心疼，但为了面试的成功，她认为值得。在去面试的那天，刘云还花了一个多小时把自己那张原本平淡无奇的脸来了个"化腐朽为神奇"，愣是整了个"艳"惊四座的豪华妆。看着镜中脱胎换骨的自己，刘云竟然感动得热泪盈眶。就这样，她终于满怀自信，气宇轩昂地出门了。

这也是一座高级写字楼，也是二十几层的电梯。出乎意料的是，这家办公区的气氛竟与上一家截然不同：人不多，空间却很大，在弥漫着淡淡咖啡香味的空气中，飘荡着悠悠的音乐。墙上的风情画、角落里颇具热带气息的仿真植物，以及少见的暖咖啡色办公隔断，让人觉得这里充满了温馨与浪漫。

在会议室等待面试官的时候，刘云盘算着在这样紧绷的装束下，手脚放在何处比较合适。还有就是笑的时候，如果脸上那厚厚的粉底要是裂开了口子，那可怎么办？

在一阵清脆的笑声中，门被推开了，进来一男一女。从递过的名片看，女的是人力资源部职员，男的则是刘云所应聘部门的经理。他们显然还沉浸在刚才的欢笑中，这使刘云的心情放松了许多，紧绷的神经也开始舒缓开来。但是面试的两个人的装束却令刘云大吃一惊——那位小姐梳着高高盘起的头发，披肩、大耳环、波希米亚风格的上衣和裙子、细跟皮靴……浪漫得犹如刚从时尚杂志上走下来；那位男士戴着流行的黑框边

眼镜，湿润的头发，胸前挂着的小巧手机和一身休闲服使他更像某位明星的经纪人。

相比之下，刘云显得太过正规了，倒更像个严肃的面试官。在提了一些常规问题后，他们客气地送刘云出来，从他们没有丝毫热情的眼神中，刘云看出了什么是"道不同不相为谋"。

刘云两次面试失败的经历给现在的求职者以很好的启示。求职时最好对自己所面试的公司有所了解，能根据公司的情况来着装是最好的。在不容易做到这一点的情况下，对自己的衣着一定要把握好度，既不能太随意，也不能太刻板，保持适度就好。

为了留下良好的第一印象，以下几点建议需要面试者记在心上：

（1）衣服不能脏，不能太花哨、太幼稚或是有褶皱。现在人们在穿衣服方面很随意，漏洞的、打补丁的、许多褶皱的、花哨的、仿脏污、故意抓皱褶的前卫服装随处可见。年轻人为了彰显自己的个性，穿着也就紧跟时尚的潮流。但这些服装在面试的时候是不能穿的，衣服脏不仅会让主考官觉得应试者不尊重他，还会把衣服的"脏"影射到应试者身上，从而使考官对应聘者留下不好的印象。褶皱、破旧、花哨的衣服会给人留下吊儿郎当、个性轻浮的印象，很容易就会被淘汰。幼稚的服装、鞋子或是挎包都会给人留下不成熟、不能安心工作的印象。

（2）着装讲究，但拒绝浑身名牌。参加面试，衣着装扮

是必需的，但不一定要浑身名牌。浑身名牌，常会给人"轻浮、不能吃苦耐劳、缺乏主见"的负面印象，结果往往会适得其反。

某公司招聘一名总经理助理，应聘的人很多，其中有一位穿着入时、一身名牌的年轻女士。主管虽然对她的学历、专业、气质谈吐都比较满意，但看到她一身名贵的打扮竟有些犹豫了。于是，请这位女士回去等回音，然后向总经理汇报情况。总经理听了主考官的介绍和顾虑之后，点点头说："我同意你的看法。因为一个太讲究名牌、太喜欢赶时髦的人，往往都是随波逐流、缺乏主见的人。而且过于讲究穿着的人，怎么可能把她的主要精力放在工作上呢？"结果，这位女士因为着装失去了工作的机会。

做事情要把握好度，"过犹不及"这的确是一条真理。

与上面的女士做法相反的是，有一位计算机编程员，他的技术很高，因为不满意原公司的老板而心生跳槽的念头。他的爱人告诉他面试的时候穿上那件质地较好的西服去面试，可他觉得面试不是"选美"，能力和资历才是最重要的，自己这方面已经足够被用人单位看好，根本没有必要在穿着上下功夫，所以他只穿了休闲装去面试。然而，求贤若渴的用人单位最终却没有录用他，为什么呢？事后那位主考官说："他其实并没有把我们公司放在眼里，这可以从他面试时的着装看出来。一个不懂得尊重主考官的求职者，很难想象他今后能够尊重上司并与同事和睦相处。而我们公司的发展往往取决于下属对上司的尊重、信任以及同仁们的齐心协力。所以，虽然他的能力让

我们折服，但恐怕还是不适合在我们公司工作。"

上面两位求职者失败的原因，就在于他们忽视了服装是一种表明个人素质、性格的语言，是向主考官透露出自己并没有表露的、至关重要的细节。

（3）头发整洁干净，头型不"标新立异"。现在的年轻人喜欢追赶潮流，经常在头型和衣服上下功夫。因为每个人的价值观和性格不一样，所以，这些新新人类也是无可厚非的。但在面试的时候，却不能按照自己的性子做事，否则很可能误了大事。

朋友向我讲述了她的一次招聘经历，并为那个名叫洋洋的人感到遗憾。洋洋之所以没有被录用，不是因为学历、能力、性格或是品行等原因，而是因为他的长发。

前不久，我们公司在一家人才市场里摆了个摊位，打算招个公司急需的单证核销员，条件是统计专业的本科毕业生。可能是受到专业的限制，前来询问的人很少，正当我有些着急的时候，洋洋出现了。

当洋洋坐在我面前的时候，我还以为他坐错了地方。他的外表整个儿一个现代时髦青年。长相不错，衣着入时，手机挂在脖子上，很洒脱的样子。只是，他扎在脑后的长头发，让我感到很反感。我觉得，他应该是搞艺术的，我们的工作他根本做不了。但是，出于礼貌，我还把他的简历拿过来看了看。

他是山西某大学统计专业的本科毕业生，成绩优秀，专业已经不成问题。此外，他还带了很多证件的复印件，有英语六级、计算机二级、优秀班干部、社会实践先进个人等，这些应

聘资料都说明他很能干。

当我问他为什么来到北京选择房地产这个行业的时候，他的回答也很有见地。他说北京的发展机会很多，房地产这个行业前景不错，且有挑战性。他比较喜欢这个行业，并希望自己的潜能在这里能够得到发挥。

像洋洋这样的专业、这样的素质的人才其实正是我们公司所需要的，想找到比他优秀的人才也许并不是一件容易的事情。但他的打扮尤其是扎在脑后的长发，深深地触动着我的神经，慢慢地淡化着我对他的信心。我觉得，一个单证核销员的责任重大，整天要与数字打交道，弄错一个数字，就会给公司带来无法挽回的损失。严谨细致应该是对单证核销员最基本最重要的要求。但洋洋实在是太现代了，太洒脱了，给人一种放荡不羁的感觉。我对他的耐心和细心很不放心，要知道，数字可不是闹着玩的。

我收下了他的简历并告诉他回去等通知。在洋洋走后，他的长发还不时地在我的眼前晃动，我实在是有些左右为难。我和几个同事商量，他们也有同感。最后，我决定放弃了，虽然我还是感到有些遗憾。

实际上，外表前卫和新潮的人，并不一定就会对工作缺乏耐心和责任感，而外表严肃的人也未必会认真负责地做好自己的工作。但是，用人单位在选择人才的时候，往往会通过一个人的外表来衡量一个人的性格等特征，因此，当你应聘的时候，一定要将自己的个性和前卫、时髦的打扮加以约束。

（4）衣着不能太暴露，避免无袖、露背、迷你裙等性感

装束。如果是裙子，裙长应至少盖住大腿的三分之二。

（5）其他在形象方面还需要注意：指甲要修理整齐；可以化淡妆，但不能浓妆艳抹；最好不戴配饰，如果戴，以简单为主，衬托出高雅的气息；不穿露脚趾的凉鞋。

二、了解面试单位的情况，做到知己知彼

面试的时候，主考官经常提的问题通常是"你为什么想加入我们公司，我们公司最吸引你的地方是什么"等有关公司的问题，如果求职者对所要应聘的公司不了解，那么面试的结果可想而知。因此，在面试之前一定要对招聘单位的情况有所了解，做到知己知彼。实际上，很多同学面试成功的一个共同点就是对面试单位的情况十分了解，尤其是用人单位的企业文化、企业制度、经营目标、目前的发展状况以及未来的发展前景等。还有的求职者对主考官的个人喜好、性格特点等都进行了了解，以便面试的时候在自身的优点和对方特点之间找到切入点和共同的话题，以利于拉近自己和面试官之间的距离，使双方建立一种亲切、融洽的关系，从而增加面试成功的可能性。

此外，从长远来看，通过对用人单位的了解，可以帮助自己判断其是否有利于自己将来的发展，自己的才华能否得到充分的发挥。

条件允许的话，还可以实地考察用人单位。在前面讲面试着装的时候提到的刘云，如果她能在面试之前对用人单位进行实地考察，也不会两次面试都失败。除此之外，对用人单位进行实地考察，还可以避免上当受骗。

　　小魏是刚毕业的大学生，他看到一家文化传播公司在招聘编辑兼撰稿人，这与小魏的专业和特长都很相符，于是他满怀希望地前去面试。但因为他是专科毕业，所以自己心里一点底都没有。出乎意料的是，当公司老总看到小魏曾经发表过文章并在学校做过编辑的时候，便欣然接受了小魏。面试结束后，老总对小魏说："只要你想赚钱，就尽管找我，我肯定会让你满意的。"听到老总这样说，小魏感觉有些不对头：老总这么能"吹牛"，单位会不会不正规？借口回家取协议书，他将签约时间推迟了几天。在这几天里，小魏实地考察了这家公司，发现这家公司确实有问题，于是便回绝了这家公司的聘请。

　　当你对一个单位怦然心动的时候，要利用一切可能的机会到该单位去实地考察一番，然后将自己的考察结果与用人单位宣传的情况相对照，看是否一致，同时注意用人单位人与人之间的关系是否融洽。如果实际情况和自己所期望的之间有很大的差距，这时就需要慎重考虑是否有必要去该单位应聘。

　　三、保持好心态

　　许多同学在面试之前都或多或少地存在一些心理问题，有的同学面对用人单位严格的录用程序，如笔试、口试、面试和心理、技能测试等时感到胆战心惊。尤其是对自己向往的高职位、高待遇的单位，参加竞争的人越多，录用的条件越严格，紧张的程度也就越高。有的同学面对众多的竞争对手，尤其是名牌院校的高才生便自惭形秽，自暴自弃，甚至觉得自己就是丑小鸭，肯定不能被录用。其实，这种担心是没有必要的。你要相信：是金子终究会发光的。晨晨的面试经历就足以说明这

一点。

是大城市那特有的快节奏、充满挑战性的生活吸引了我，当我背起行囊走出北京火车站时，第一感觉便是这个城市有活力，值得我去努力。

可是，接下来的求职路却不怎么顺利。当我捧着"做工精细"的求职材料来到供需见面会上时，终于对中国众多的"人口"有了深刻的认识。我费了九牛二虎之力好不容易挤进一个摊位，却发现桌子上堆满了小山似的求职材料，毕业于名牌大学的人的求职书比比皆是。天哪，我实在没有勇气将材料递上去。咬咬牙，勉强送出几份简历后，我如败兵一样逃也似的离开了现场。

幸运的是，我接到了一家大公司的面试电话。在经过一轮又一轮的重重筛选之后，我和一位财经大学的"大高个"如大浪淘沙一样脱颖而出，进入最后的面试。

按照公司的要求，我们10点钟到达公司。面对这样一个重要的就业机会，我们不敢有丝毫的怠慢，不约而同地，我们两个人在9点半的时候就到了。总经理招呼我们坐下，然后对我们说："现在离面试的时间还早，我们不如随便来玩个游戏吧。你们会玩《俄罗斯方块》吗？"

我们都愣了一下，觉得很奇怪，这样的游戏很小的时候就会。于是异口同声地答道："会。"

总经理笑着点点头，说："很好。我也喜欢玩这个游戏，你们可以表演一局吗？5分钟的时间，看看谁的分数最高。"

总经理的办公桌上放着两个游戏机，他指了指示意让我们

玩。我拿起游戏机，定睛一看，游戏机的屏幕呈现出柴垛样的图像——肯定是他刚才在一局快要结束的时候按的暂停。

"大高个"拿过游戏机一看，皱皱眉头，重新调好，开始新的一轮。我没有像"大高个"那样，而是打开了"暂停"键，接着老总没有玩完的继续玩下去。

5分钟的时间过得很快，看看手表，老总问我们："怎么样，小伙子？"

只听"大高个"得意地答道："我已经得了13000分了。"而此时，我仅仅得了6000分。心想这次让"大高个"在面试之前就占了上风。事已至此，我只能如实相报："总经理，我只得了6000分，其中还包括之前你得的900分。"

"高个子"听到我的回答，脸上露出了得意的表情。不料，这时总经理却笑了起来，拍着我的肩膀说："好！小伙子，恭喜你，你已经被我们录取了。"我很吃惊，"大高个"也急着叫了起来："总经理，面试还没有开始，怎么就录取他了呢？"

总经理认真地说道："其实，刚才你们已经面试了。你们想想，每个公司都有着它已经存在的局面，就像你们刚玩的游戏一样，哪怕这个局面很破，很糟糕，我们也要去面对它，承担它，带着它去打拼新的局面。这就像我们身上穿的衣服再破、再烂，也得穿着它去买新的衣服而不能光着身子去买一样。"接着，他又补充道："本来你们能过五关斩六将来到这，已经很不错了。作为一家求贤若渴的公司，我们不愿意失去任何一个人才。但是今天很遗憾，我们只能录取一位。"

我没有想到我在面试中取胜居然是通过这种方式，不过这次经历将深藏在我的记忆深处，并影响着我今后的人生道路。

面试不是绝对的，什么情况都可能发生，只要保持好心态，对自己充满信心，做最好的自己，就一定会找到满意的工作。

在难度较大、竞争激烈的情况下，应该适当降低期望值，这样更有利于自己的发挥。

刚开始找工作的时候，胡君在潜意识里给自己设定了很多的条条框框：留在大城市、收入不能太低、要适合自己的兴趣爱好等。在高不成低不就的苦苦寻觅中，他一直未能找到自己满意的单位。就这样到了 3 月底，胡君发现身边的同学几乎都有一个可以签约的单位了，而自己却在挑选中错过了很多的机会。

按照学校的说法，如果到4月底还没有确定单位，就要将档案和户口送回原籍。胡君有些慌了，他开始不停地买报纸、上网、参加招聘会，挑选工作机会，选中之后就把简历发过去。胡君学的是政治学专业，很多工作都不对口。忙碌的4月份，胡君曾在广州、上海、深圳之间苦苦搜寻，但仍然没有结果。

就在胡君因为找工作经常失眠的时候，他得到一条消息：广州市委组织部要选调一批大学生到农村工作，但要经过笔试。胡君连夜赶往广州参加第二天的考试，最后以排名第二的高分成功入围。

到农村和基层工作好像离胡君最初的职业目标很远，不过

经过几个月找工作的奔波，当初浮躁的心开始沉静下来。他抛弃了最先设定的一些无形的框框，从眼高手低中走了出来。过去胡君总是想着自己应该干什么，拥有什么，而从未想过自己能干什么，该付出什么。多的是美好远大的理想，少的是脚踏实地的做事精神。找工作的经历让胡君成熟了很多，现在他决定到农村去，为自己工作的第一站打下坚实的基础。后来，胡君被分配到一个边远的城镇工作。

镇里从来就没有大学生来工作过。现在来了个大学生，大家都有些兴奋，也有些好奇，同时也带着疑问：这个大学生能干什么呢？他会给我们带来怎样的变化呢？对于胡君的到来，镇子里的人都持着观望的态度。

胡君友好地和镇里的干部、职工交往，虚心地向他们学习，用心观察基层政府的运作情况。镇里的人热情、真挚、淳朴，他们觉得胡君没有大学生的架子，没有瞧不起他们，所以都愿意和他交朋友。当胡君在工作或是生活中遇到困难的时候，他们也很愿意帮忙。

上级领导把这批选调生安排到村里挂职锻炼，目的自然是为了培养他们，此时胡君便成了一名村主任助理。在挂职的 3 个月时间里，胡君和村民们同吃同住，参与具体的村务管理，调节村民纠纷，为群众排忧解难。这种实际锻炼让胡君学到了很多书本上学不到的东西，胡君也开始对基层工作逐渐产生了浓厚的兴趣。这时虽然听到有很多同学跳槽，但胡君却没有动摇，他已经决定在基层发展了。

一些同学在学校里很优秀，当过干部，也取得了许多骄人

的成绩，但是在找工作的时候却总是遭遇被拒的厄运，于是自信心大大受挫。面对这种情况更是要调整好自己的心态，困难和挫折谁都会遇到，即使是历史上有名的人物也曾经历过许多的失败，所以任何时候都不要放弃自己，对自己失去信心。

四、各类材料的充分准备

参加面试的时候要准备好个人简历、自荐信、推荐表、协议书、成绩单，以及各种相关证书等材料和一支笔。个人简历和自荐信最好中英文各一份，因为有些企业在面试的时候会提出要英文简历，尤其是外企。在面试的时候，即使曾经在网上发过相关资料，自己也还要带一份，出发前一定要检查一下是否携带齐全。

我认识一个朋友，女生，叫小君，曾经历过一次很尴尬的面试。那天上午她去一家单位面试，当面试官问她是否带简历的时候，她说带了。然后从包里拿出简历递给面试官。面试官看看简历问道："你以前做的是业务，为什么来我们这应聘编辑呢？"当时，小君就愣了，她想自己也没有做过业务啊？于是说："我没有做过业务，一直从事文化传播这方面的工作。"面试官觉得很奇怪，于是把简历递给她看，说："你看，这不是你的工作经历吗？"当她接过那份简历的时候，自己也傻眼了：那不是她的简历，是和她住在一起的好朋友云的简历，云也在找工作。可能是自己早晨走得匆忙，拿错了。她的脸唰地一下红了，向面试官解释说自己走得匆忙，拿错了。面试官的表情可想而知，又随便问了她几个问题，就结束了面试，让她等通知。其实，小君心里明白，这次面试肯定是泡汤

了。面试官肯定会想：一个连简历都带错的人，怎么可能对工作认真负责呢？小君的内心充满了自责，恨自己太不小心了，但事情已经发生了，无法挽回。

五、遵守时间

面试的时候，最好提前到达，这样可以稳定自己的情绪以准备面试。要估算一下路途时间，一定要留出富裕时间，绝对不能迟到，也不必太早到达，最好是提前10分钟进场。因为很多企业都是统一安排面试，错过了面试的时间，就可能错过了面试的机会。如果遇到意外的情况，如因堵车等原因不能准时到达，也要尽量在面试之前电话通知到单位，说明情况，请求谅解，以免影响单位对自己的印象。

此外，还有一点需要提醒的是，在接到面试通知电话时，一定要问清楚应聘的公司名称、职位、面试地点(包括乘车或开车的路线)、时间等基本信息，最好顺便问一下公司的网址、通知人的姓名和面试官的职位等信息。最后，别忘了说声"谢谢"。

六、对可能遇到的问题进行准备

对面试时经常会问到的问题进行准备，比如自我介绍、"你为什么想加入我们的团队"、"你对我们单位了解多少"、"你的特长是什么"等问题。自己可以假设面试官就在面前，然后模拟回答问题。

第三节　面试时的技巧

面试时应避免的问题：

1.衣着不得体

衣着不得体有两种情况：一种是过分随意，给人一种不尊重面试官、不重视面试，甚至引申到个人生活无原则的印象；还有一种是过于正式，显得很不自然，会让人产生矫揉造作、虚伪的感觉。

小李从山东前往北京面试，坐了一夜的火车，已经疲惫不堪，但为了能按时参加面试，不得不接着赶往面试地点。他对北京的道路不熟悉，开出租车的"的哥"也很"照顾"他，绕了半天才把他带到面试地点。此时他是衣服脏，头发乱，皮鞋灰尘清晰可见。保安看到他蓬头垢面的形象，差一点没把他拒之门外。当他面试的时候，主考官一看他的形象就眉头紧皱，尽管他在面试中表现得不错，但最终还是没有被录用。

2.其他人陪同面试

现在有些大学生像温室里的花朵一样在父母的照顾下成

长，甚至离家念大学的时候，还要家里帮着洗衣服，整理床铺。在毕业之后参加面试的时候，也不忘拉上自己的亲人陪着去面试，还有的让同学、朋友陪着去面试。我们在招聘会摊位前有时可以看到这样的情景：一名应聘者身后或是旁边总会站着一至两个人，他们时而抢插几句，时而对应聘者悄悄耳语。这种做法会让面试官感到很不悦，不管面试学生的简历如何精彩，最后的评定都将大打折扣。

陪同面试这种现象可能有两种情况：一种是面试的学生从学习成绩、个人能力和个人素质等方面来看都很优秀，求职面试也不会有问题，但正因为他们优秀，那些关心他们的人也就特别关注面试这件事，所以陪同前往；还有一种就是面试的学生性格内向、胆怯，不善言谈，于是希望有个依靠的人作后盾，给自己壮胆。

当场面试的目的不仅是对学生学历及能力的检测与认定，更是对一个初涉职场的学生的综合素质的考察。在应聘的时候，单位想看到的是一个有真才实学的人。双方的对话决定着择业的成功与失败。

而如果在他人的陪同下参加面试，那么招聘方就会认为这个应聘者独立自主能力不强，有较强的依赖性，结果很可能与就业机会失之交臂。

因此，应聘者在去应聘的时候，要婉言谢绝陪同自己面试的人，更不能主动找人陪同前去面试。要自己单独前往，这也是自己初涉社会，锻炼自己的一个机会。在应聘前，要对自己所要应聘的单位和职位有所了解，克服胆怯心理，充满信心地

前去面试。不要担心用人单位看不上自己，要保持积极向上、乐观拼搏的精神，相信自己一定能够成功。

华安是天津某高校的应届毕业生，马上就要毕业了，但还没有找到工作。远在安徽的母亲得知后，请了十几天的假来到天津，给儿子加油助阵。华安的母亲认为，自己的儿子小，经历得少，不懂得如何在面试中推销自己。

华安的母亲在自己的儿子去参加招聘会之前，不停地叮嘱一些推荐自己的注意事项，还让儿子复述自己所传授的方法。到了招聘现场，华安递简历的时候仍然有些紧张，他的母亲见状，"挺身而出"，帮助儿子"推销"自己……

还有一些更让人费解的现象：有的大学生在参加招聘会的时候，父母替他们排队，而求职者本人却找个空处歇着。他们的解释是："孩子找工作辛苦，父母应该帮着分担。再说招聘会上的人多，不忍心让自己的孩子受挤压之苦。为了自己的孩子，自己再累也值得。"

真是可怜天下父母心！可是在父母羽翼庇护下的小鸟是永远不可能飞向广阔的天空的，更不能感受到翱翔的乐趣和天空的辽远。父母在求职这件事上应该持默默支持、鼓励但不参与的态度，培养孩子的自立精神。

3.表现欲强

面试是用人单位考察、了解求职者的重要途径。由于受到时间的限制，求职者在参加面试的时候，必须在面试过程中尽量表现自己，让用人单位了解到自己的优点和价值。但是，如何通过言谈来展现自己却是一个大学问。有的求职者为了加

深面试者对自己的印象，在面试中夸夸其谈，口若悬河，把自己表现得无所不知、无所不能，好像面试单位如果不录用他，就再也没有更合适的人选了。这往往会给面试者留下"过于自负""骄傲自大"的印象。

一位毕业于北京某重点大学新闻专业的毕业生到某杂志社应聘编辑一职，出示自己发表过的作品后，又说自己擅长策划，有领导才能，是作编辑部主任的最佳人选，并对现在的杂志办刊方式进行全盘否定，批评得体无完肤。而那位负责招聘的正是编辑部主任。因此，在第一轮中，这位毕业生就被淘汰了。

4.沉默害羞

虽然夸夸其谈、喋喋不休不好，但沉默寡言，不懂得把握机会表现自己，无论回答什么问题，答案都很简单，往往只有一两句，甚至只会回答"是、有、好、可以"，也不好。面试的时候，有时考官故意默不作声，造成长时间的静默，以考验求职者的求职应变能力。如果求职者不知所措，这样会显得很木讷呆板，会使面试处于冷场状态，这对面试是极为不利的。也有的求职者勉强找个话题打破沉默，但语调生硬，内容和气氛也极为不符，结果使场面更尴尬。因此，那些性格胆小害羞的同学，应该多锻炼自己的胆量，以做到谈吐自如。

实际上，无论在面试前，还是在面试过程中，求职者如果主动致意、交谈，都会给用人单位的面试人员留下善于交际和热情友好的印象。

5.被偏见或成见所左右

有的时候，在面试中面试官会对面试者表现出冷淡、漠视，甚至是言语激烈等态度。这时候有些面试者就会认为面试官对自己不满，因此十分紧张，结果影响了自己的发挥。而那些一直能保持镇定自若的人，就抓住了机会，很好地展现了自己。还有其他一些情况，比如面试官故意用一些言语和行为试探面试者的心理承受能力和应变能力。

有一家外企在一次人才交流会上招聘一名前台接待，某位小姐各方面的条件都很符合招聘单位的要求，正当用人单位决定录用她的时候，一名考官灵机一动，又向这位小姐提出了一个问题："小姐，如果在将来的工作中，你接待的客人想要你陪他跳舞，你不想跳，但不跳又不行，这个时候，你会怎么办？"没想到考官的话音刚落，那位小姐当即涨红了脸，对着招聘人员愤怒地说："你们是什么单位，在这里摆摊招舞女！"说完，拿起自己的求职资料气呼呼地扬长而去。其实，那家公司是一个很正派、很有声望的企业，那位考官提出的问题也是工作中常会遇到的问题，并没有什么不健康，也不难回答。如果你遇到这样的问题可以这样回答："据了解，贵公司是一个正规企业，我想不会碰上不三不四的人，正常情况下跳跳舞也没有什么。"

有时候，面试官看上去很年轻，这时候求职者可能就会在心里面嘀咕："比我年轻那么多，怎么有资格来面试我呢？"其实，应试者应该学会积极面对各种不同的面试官，而且"有志不在年高"，从年龄上是看不出一个人的能力和才华的。

6.过分谦虚

谦虚是中华民族的传统美德。小时候，老师和长辈经常教导我们"谦虚使人进步，骄傲使人落后"。谦虚，对刚刚开始工作的大学生而言，这并没有错。但如果过分地谦虚，有时候就会给人一种没有信心、没有能力，有时候甚至会是虚伪、不真实的感觉。

有一位女大学生去一家外企面试，经过一道道关卡，最后只剩下她和一名男生。负责最后面试的经理是个外国人，他在和两位求职者闲聊的过程中，极为随便地问了一句："会打球吗？"

男的回答："会。"

女的说："打得不好。"实际上，她在学校里是个不错的篮球选手，只是太谦虚了。

经理又问："给你俩每个人配一辆小轿车，给你们一个星期的时间，有没有信心学会驾驶这辆小轿车？"

男的自信地回答说："有！"

女的说："不敢保证！"实际上，这个女生曾经学过开车，还考了驾照，只是没有上路而已。经理又问道："如果现在让你们为我随便做几道菜，你们两个能不能给我做几样拿手的？"男的说："没问题。"

女的说："做得不太好。"其实她经常自己做饭菜，厨技很高的。

经过这三个问题的回答，经理最终录用谁，相信大家都已经猜到结果了，当然是那个男生。我们不禁要为这位女大学生

感到遗憾。能力和才华并不逊色的她却因为缺乏自信和过分谦虚而失去了一份本该属于她的好工作。

在招聘的过程中，如果招聘人员是来自内地，或许会理解中国人谦虚的心理。但如果是来自文化背景截然不同的西方国家，自然就不会考虑到谦虚这个层面，就会作出上面例子中所说的那种选择。

路露是学广告设计的，而且有几年的广告设计方面的工作经验，经人介绍到一家港资广告设计公司面试。经理说："路小姐，经过一位客户的推荐，我们初步了解到你对广告设计有一定的特长，所以贸然约你来面试。"

"哪里，哪里。是朋友胡乱吹捧的。我对于广告方面的知识也只是略知一二而已，这并不是我的专长。"

"路小姐太谦虚了。我们公司是集摄影、广告策划、电脑制作于一体的综合广告公司，我们有一批优秀的专业设计师。现在就缺一个广告设计总监，请您谈谈对该工作的看法。"

"我想，做好该工作，首先必须团结下属，形成一个广告设计智囊团，这样可以集思广益；其次，要开创具有独立风格的广告设计文案，这样才能吸引骨干；最后是不断学习，接受国外广告业的先进思想，取其精华，弃其糟粕，洋为中用，洋为我用，提高设计质量。"

"路小姐说得很不错。"经理认真地听着，有些欣赏地看着她，有时候还会点点头，迎合几句。

"哪里，哪里，书上都有，来之前我还看了一遍。"

"哦！"这时这位经理对路小姐的评价已经大打折扣。

说话时很重要的是坦率和真诚，但也没有必要过分谦虚。特别是在求职的过程中，应聘者应该更加大胆地将自己的优点、优势以及各方面的能力描述出来，实现成功的自我推荐。千万不能在面试中出现过分谦虚、过分否定自己的言辞。

7.实事求是，不弄虚作假或是不懂装懂

求职者在求职的时候，一方面要客观评价自己的能力和实力，知道自己能够做什么，想要做什么；另一方面就是要把企业的需求与自己的需求结合起来，找到适合自己发展的位置。这样既有利于自己的发展，同时也是对应聘的企业负责。

有的求职者在找工作的时候，为了达到自己的目的，弄虚作假，欺骗面试官，结果虽然爬得很高，但摔得更惨。

某高校计算机专业毕业的小王，到一家知名公司去应聘。在人事经理与其面谈的时候，他夸夸其谈，谎说自己在搞某项科研，万事俱备，只欠"东风"——科研环境。当时人事经理对他深信不疑，高兴地录用了他。但他到公司后，拼命工作了3个月，一直没有任何建树，最后终于遭遇被解雇的命运。

还有一些求职者在面试回答问题的时候，不懂装懂，为的是用人单位能够留下自己，而最终结果也是适得其反。

肖郁大专毕业后，到北京劳动力市场求职。他学的专业是中文，自己也想按照自己所学的专业来找工作，但却一直没有找到。一晃3个月过去了，肖郁很着急，决定尝试其他的工作。

一次他看到某公司招聘业务员，他想：业务员的工作无非就是凭着三寸不烂之舌说服客户买下产品，这个自己肯定没有

问题。他自信地走到招聘单位的摊位前，满脸堆笑地与招聘人员打招呼，表示想应聘业务员这一职位。招聘人员问了一下肖郁的专业和基本情况，对他不是很感兴趣。肖郁看招聘人员的表情，知道自己没有希望，于是开始吹捧自己："我虽然学的是中文专业，但对市场营销很有研究，经常去旁听营销专业的课，还做过相关的工作。"招聘人员于是问肖郁："你以前卖过什么？"肖郁随口答道："我在超市里卖过饮料。""什么牌子的饮料？他们的产品是处于成长期、成熟期还是衰退期？你们的促销策略是什么？"面对营销的基本问题，肖郁一时间不知道该如何作答，支吾着说道："这个……是成长期吧？我们也没什么促销策略，就是买三赠一。"

招聘人员看了肖郁一眼，皱着眉头问了下一个问题："我们是一家软件公司，客户的素质很高，对业务员的要求也相对高些。你觉得你在超市的工作经验能够用得上吗？"

"能！"肖郁觉得，表现自己的时候到了，于是信口开河道，"我觉得，卖什么产品不重要，只要嘴巴能说，就一定能够卖好。再说，只要肯学，一段时间就可以上手了。"

招聘人员客气地对肖郁说："从你的回答中，我认为你对市场营销并不了解。我们公司是一家刚起步的小公司，讲究效益，不可能为你提供岗位来增长经验。你还是考虑一下其他的企业，好吗？"听了招聘人员的话，肖郁知道自己"吹牛"吹过了头，感到很后悔：早知道会这样，还不如踏踏实实学习，掌握一门技能呢。

8.注意肢体语言

面试的时候，需要注意一些肢体语言。有的求职者平时不拘小节，在面试的时候也不知道注意，很容易将这些不良习惯表现出来，这样就会破坏自己的外在形象和内在的气质，给考官留下不好的印象，使面试的结果大打折扣，最终导致面试失败。

眼睛：有的求职者到了面试现场，心情很紧张，眼睛不敢正视面试官，不是东张西望，就是左躲右闪，目光飘忽不定，给人的感觉是没有自信或者想隐藏不可告人的秘密，这就会令面试官对其产生反感。还有的面试者在面试的时候，双眼紧盯着面试官，给人一种压迫感，容易令人产生不满。

某大学毕业生小吴，当他面试的时候，不敢正视考官，总是把目光移向其他的地方。这是胆怯心理在作怪。有这种胆怯心理的人直视考官的时候会产生很大的心理压力，有时候甚至会分心，不能集中注意力来回答考官的问题，因此只好转移自己的视线。

小吴的考官事后说："看他那漫不经心的样子，感觉没什么修养，一点也不懂得尊重人。我们需要的是懂得尊重他人的人，像求职者这种东张西望的现象，最好是避免发生，相信没有哪个单位想招这样的人。"

面试的时候，眼睛要看着主考官，要用柔和的目光注视对方，让你的目光传递你的诚意和自信，不要左顾右盼或眼睛往下看，也不要长时间地盯着主考官的眼睛。

脸：面无表情，或呆滞死板，或了无生气。这种表情给人

的感觉是冷漠、不合群或者是反应迟钝；也有的同学用做鬼脸来掩饰自己，这样做只会让主考官觉得你没礼貌、没修养。记住：面试的时候，一张自信、生动活泼、微笑的脸很重要，这会给面试官留下良好的第一印象。

手：面试的时候手最容易出问题，主要表现有：双手总是不安稳，忙个不停，做些玩弄领带、衣角、挖鼻、抚弄头发，玩手里的笔、钥匙或是玩弄考官递过来的资料、名片等动作。

腿：坐着的时候，腿神经质般不停地晃动、前伸、翘起等，不仅人为地制造紧张气氛，而且也显得心不在焉，不懂礼貌。

背：站着的时候，腰板不直，弯着腰，弓着背，给考官留下不自信的感觉。

不管怎样，面试的时候，一定要改掉这些坏习惯，保持大方得体、不卑不亢的态度，这样可以提升自己的形象，增加求职成功的机会。

9.注意细节

有些人做什么事情都不太注意细节，其实细节往往能反映出一个人的内在品质和修养。因此，很多用人单位在招聘的时候，都会细心观察应聘者的一些细节表现，由此来判断面试者的做事风格和处世态度，决定是否录用。

木军是热门专业的应届毕业生，在校时还当过学生会的干部。按照硬件来说，他完全可以去比较理想的公司，然而因为他平时大大咧咧、做事毛手毛脚的，结果在面试中与自己心仪的工作失之交臂。

那次木军去一家中日合资企业应聘销售经理一职，经过了前面的几轮面试，他顺利进入最后的面试。为了这最后的面试，木军从头发到衣着到鞋子都特意精心准备了一下。

面试的时候，木军回答的问题也让考官感到满意。这时考官要看他的一次实习鉴定资料。因为资料没有整理归档，并且自己心中也没有底，木军心里一慌，资料撒了一地。好不容易把资料整理好，慌乱之中又把主考官的茶杯碰倒了，心中一急，竟然脱口而出一句骂人的脏话。

此时主考官开始皱眉，脸色也不好看。终于挨到面试结束，木军长长地出了口气。可是刚走出门又忽然记起，原来自己刚才离开的时候，把毕业证书等资料忘在考场了，于是只得又返回取回自己的证书。这次考官真的是受不了了，终于把他的名字从终试的名单中删除了。

小琴去参加一个企业的招聘会，面试的时候，应聘者排队一个个走进办公室，主考官身后的墙壁上贴着一张"告示"：每个人只有 5 分钟，请你配合。

很多的应聘者面试的时候为表现自己，争取给考官留下好印象都滔滔不绝地介绍自己的经历和经验，即使考官的电话响起，也不愿意中断自己的介绍。

轮到小琴的时候，谈话没有进行几句，办公桌上的电话就响了起来。小琴心想：与办公桌上的电话相比，面试还是相对次要的。于是在电话响了两遍之后，小琴把电话拿起来递给了考官。考官原本冷若冰霜的脸露出了难得的笑容，对小琴说道："恭喜你，你被录取了！"

工作时间长了，小琴与那位考官也就熟悉了，小琴于是问考官自己当初为什么会被录用。那位考官笑着说："面试中的电话是我们故意安排的现场测试，我们认为能够主动中止面试而不影响我接电话的人，一定是个顾全大局、凡事从公司利益出发、能为公司做出贡献的有用的人。"

上面的两个例子都说明：面试的时候一定要注意细节。细节决定成败。

10.要灵活机智

面试的时候，一定要反应灵敏，学会随机应变，没有哪个单位不喜欢机灵的人而喜欢反应迟钝的人。

魏秋是北京某大学工商管理专业的应届毕业生。由于她在面试中机智的表现，最终从三位选手中脱颖而出，成为某公司的总经理助理。

小秋的成绩在班上属于中等，快毕业的时候，才刚过英语四级。经过学校老师的推荐，她和另外两名同学到某公司去面试，同去的两位同学条件都不错，所以小秋对自己并不是很有信心。

面试是分开进行的，小秋被带到一间办公室里，面对两名考官答题。答完题后，两名考官又出了一道情景题：一名考官扮演来自外国的订货商，另外一名考官则扮演单位的供货商，由小秋来充当翻译，考察她的商务能力。

因为是第一次面试，小秋有些紧张。当"订货商"问"供货商"，该企业每个月出口多少"containers"时，小秋一时间居然想不起这个单词的意思。联想到上下语境，她迅速猜到，

"订货商"这句话应该是询问公司的产量。于是，她没有直接翻译"containers"这个单词的意思，而是直接问"供货商"的月产量。"供货商"回答，公司每个月多少多少货柜。这时小秋才恍然大悟，原来"containers"就是货柜的意思，她的猜测没有错。

两天后，小秋接到了公司的回复：欢迎来我们公司报到。老师告诉小秋，当天的两位面试官中，有一位是该公司的副总，英语过了专业八级，对小秋的推测能力和应变能力十分看好。在他的极力推荐下，小秋得到了总经理助理的职位。

11.不要打断考官的问话

有的求职者为了表现自己，获得考官的好感，总是不等考官把话说完，就突然插嘴，滔滔不绝地介绍自己的工作能力，以及自己的特长等方面。这样的话，只会让考官感到厌烦，觉得你不尊重他，很可能导致面试失利。

晓佳是一名应届毕业生，有一次到一家较大的民营企业去面试。考官让她作了简单的自我介绍，之后，又将自己的公司作了一番简单的介绍。当说到自己的公司准备生产新产品的时候，晓佳为了显示自己对公司的了解和兴趣，立即说道："我已经知道你们正在生产某某产品……"考官停住了，等晓佳说完，考官又说公司的几个主要部门，晓佳又插嘴道："我了解到你们还专门成立了新产品开发部……"没等晓佳说完，考官生气地说道："你已经大学毕业了，可是却一点礼貌都没有。"说完，转身离开了面试的房间，把晓佳一个人留在那里，她尴尬得无地自容。

12.不数落别人

面试的时候，一定要记住不能当着面试官的面数落现任的或前任的雇主和同事以及同学或是老师。这样做，不但得不到同情，还会让人觉得你是个不懂得与人相处、心胸狭隘、记仇、不念旧情的人，这只会招致面试官的反感。

辽宁某重点大学的学生小张到一家中外合资的企业去面试，考官是个年轻的女孩子。面试的时间比原定的时间延长了半个小时，正好到了吃午饭的时间。年轻的考官站起来对小张说："走，一起吃午饭去，咱们可以边吃边聊。"饭桌上，话题很轻松，吃饱喝足之后，考官突然问道："××是你们的系主任吧？人怎么样？"小张不假思索地说："他人不怎么样，经常让学生请客，还喜欢整人，几乎没有做过什么好事。"小张说完，感觉有些不妥，但"说出的话泼出去的水"，已经无法挽回了。面试官看出了小张的尴尬，好像不在意地笑着对小张说："没什么紧张的，该问的面试的时候都问完了，这只不过是随便聊聊，回去等消息吧。"但是，最后，小张一直没有等到消息。

事后，小张了解到，自己之所以没有入选的原因就是因为那几句话，公司不能接受连自己的老师都不尊重的人。

13.不说废话

河北某应届毕业生孟错到北京一家大型的广告公司应聘，负责面试的是一位美国"老外"。这是一家主要利用电脑做房地产广告的公司，对办公软件操作要求比较高。面试之前，孟错和"老外"简单地聊了几句，"老外"的汉语讲得很好。他

看了孟错所获得的"微软办公软件专家"认证证书之后，点点头。接着，他又看了小王的文凭，连声说："研究生毕业，不错，不错。"然后，又让小孟介绍一下各种媒体广告的情况。

小孟讲得很内行，"老外"听得很专注，并不时地点头表示赞赏。之后，他拿出手提电脑，演示一些广告作品给小孟看，并问小孟："你喜欢玩游戏吗？"小孟随口答道："通常在工作疲倦之后玩游戏放松放松。""老外"一听，脸色马上由晴转阴，说道："工作时间玩游戏，这样的员工我们不能要。"

其实，小孟对电脑游戏并不感兴趣，只是随便说了一句，想换个话题而已。于是，小孟赶紧向"老外"解释，说只是个玩笑，但却无济于事。

小孟的经历告诉正在求职路上的人们：应聘的时候，千万小心自己的言语，不能随便开玩笑或是转换话题，以免节外生枝。

此外，有的应聘者和面试者在经过一段时间的交谈之后，考官会明示或暗示求职者："今天就谈到这里吧。"但是有些求职者仍然兴致盎然，不是缠着考官问这问那，就是极力地推销自己。虽然面试者出于礼貌，还会耐着性子继续与求职者交谈，但是由此而产生的厌烦情绪会对求职者之前的一些好印象大打折扣。

14.不乱动物品

面试的时候，往往有一段等待的时间。在这段等待的时间里，有的求职者就会动自己面前放的一些东西。对于自己面

前的物品，一定要慎重对待。因为，有时候，很可能是用人单位安排的测试内容。如果你看了不该看的东西，则显示你的素质或是人格有问题。如果在你的面前放着报纸、名片盒、文件夹、公司的介绍资料等，这时你可以拿报纸和公司的介绍资料看。在看完报纸之后，要将其放回原处；公司的介绍资料应该仔细认真地阅读，加深自己对公司的了解，使自己的面试更顺利些。此外，也不要在等待的地方来回走动或频繁地进进出出，这样会让人觉得你是一个烦躁不安的人。

15.面试结束后礼貌退出

面试结束后，你应该主动告辞，有礼貌地退出。告辞的时候，应该注意以下几点：首先，强调你对工作的兴趣，希望有机会在一起共事；其次，表示这次面试的收获很大，并感谢对方给你面试的机会；最后，微笑着和考官告别，感谢他的接待以及对你的考虑。

有一位大学毕业生到一家公司去面试，主考官说话很直率，没有聊几句就干脆回绝了他。这位大学生仍然很礼貌地告辞说："感谢您给我这次面试的机会，这次面试我的收获很大。虽然我对贵公司很感兴趣，但可惜我的能力不够，实在抱歉，我会按照您的建议继续努力的。"他礼貌地告辞走后，主考官觉得这个小伙子确实不错，也是公司需要的人才，多一名也没有什么关系，于是在限定的名额之外追加录取了这位大学生。在现代这个崇尚个性解放、展现自我的社会里，不管是男生还是女生，在求职的时候，都应该展现自己最优秀的方面，当然也不必刻意掩饰自己的缺点，但自己的优点一定要让对方

看到，否则，很可能会被淘汰出局。

刘进大学毕业，正好看到一家银行在招人，她想去试试。室友都劝她说："银行是服务行业，很注重外在的形象，你优势不大，别浪费时间和经历了。"可刘进觉得自己不管怎样都该去试试，因为试了，也许不会成功，但不去试，一定不会成功。

参加面试的人很多。排在刘进前面的女孩子一脸骄傲地说："我前不久参加过某次选美大赛，还进入了复赛呢。"

过了一会，刘进前面的女孩子进去面试了。出来的时候，满脸带着微笑，有些得意地对刘进说："我回答问题的时候，主考官脸上一直带着微笑呢。"

轮到刘进面试了，面试的内容很简单，几分钟后，主考官点点头，面无表情地对她说："你可以走了。"刘进没有看到考官脸上的微笑，心想：完了，没戏了！但刘进还是彬彬有礼地向考官鞠了一躬，然后说声："谢谢！"便轻轻地关上了门。出来之后，刘进有些失落，看来这次是没有希望了。

一个星期之后，刘进意外地被录取了。上班后，刘进遇到了上次面试她的主考官，她对刘进说："我记得你，那次我们面试了大约200个求职者，你是唯一的一个向我鞠躬致谢并礼貌关门的人。"她的脸上满是笑容，接着说道："我们是服务行业，不论客户的态度怎么样，我们都应该展示我们最好的一面给他们。"

从上面的两个例子可以看出，从面试开始到面试结束，每一个环节都不能小视，每一个环节都要展现最好的自己，这样

才有更大的可能获得成功。

面试时经常提出的问题：

1.请做一下自我介绍

这是面试的时候考官经常会提出的问题，因此所有面试者在面试之前必须准备好做自我介绍。很多求职者会认为，我不是都已经写在简历中了吗？为什么还要再问？因此，有的会显得有些不耐烦，有的甚至会以"我在简历中都已经写得很清楚了"来回答考官。如果你这样回答，那么，你的面试很可能就"泡汤"了。记住：一定要尊重考官提出的每一个问题，并认真地回答。

虽然你的经历在简历中已经有了介绍，但如果这道题目回答得很得体，令对方印象深刻，那么接下来的面试便可能如顺水行舟般一帆风顺。

你的特长是什么？哪些是你过去做得最好的值得你骄傲的事情？你具备什么样的专业技术、知识？不要像流水账一样重复简历上的内容。这可是你展现自我的大好时机，你可以借着这个机会把自己的情况再有声有色地陈述一番，效果肯定比简历上枯燥的文字好得多。

介绍自己的简历时可以从参加工作时讲起，不要扯得太远。经历中应该重点介绍自己从事什么工种，有何成绩，凡是与此无关的内容都可以省略；能显示自己的优势和能力的，可以详细些，并巧妙地与自己所应聘的职位联系起来。

刚毕业的大学生对于工作经历可能会感到无从谈起，负责面试的考官也不会难为你。他会通过你在课业上的表现、所选

修的课程以及所参加的社团活动等方面，来判断你是否具备做好这份工作的潜力与能力。

自我介绍的内容要与简历上的一致，表述方式尽量口语化。介绍的口气既要巧妙地显示出自己的优势，又不能表现出自吹自擂的痕迹，一定要把握好分寸，要给人一种自信、诚实、谦逊、不卑不亢的印象。

参考回答：我在大学期间，担任了两年的班长，经常帮助同学处理一些在学习和生活中遇到的困难，此外，每个月都组织一次班级活动，当然是征求过同学们的意见的。经过锻炼，我的组织能力、策划能力和处理问题的能力都有很大的提高。

2.你有什么业余爱好

从一定程度上看，业余爱好能够反映出一个人的某些特征。考官问这个问题的目的就是想从你的爱好中探索出你的性格和能力或者是价值取向。回答这个问题的时候，即使你没有什么爱好，也不要回答说没有；即使你有许多的爱好也不要一一罗列。一定要掌握好分寸，别把那些明显带有负面影响的爱好顺嘴说出，如果说出的爱好让人觉得你是个素质低下、庸俗、孤僻、不思进取的人，那么你的求职希望就会像肥皂泡一样破灭。

比如上网聊天、玩游戏，你的想法可能是让对方知道你的生活富有现代生活气息，没有落伍，可是，考官会根据这些信息对你的性格作出判断，认为你是个有不良生活习惯、不务正业、不思进取的人。当然，也不能为了渲染自己的出色而虚构一些没有的爱好，否则会适得其反。

参考回答：我喜欢集邮，目前已经收集各国邮票有5000张。周日我还经常去某处的集邮市场，在那经常能发现和买到一些珍贵的邮票，当时的兴奋感觉无法用言语来表达。通过集邮我还结交了许多的好朋友，有时间我们就一起沟通，互通有无，给单调的生活增添了无尽的乐趣。

3.你的缺点是什么/你发现最难应付的个人问题是什么

面试官并非真的想要了解你有哪些缺点。他们的目的是看你如何应对隐含的批评和你的自我意识程度。这些是如何把握你的发展方向的重要因素，或者可以反映出今后你在管理方面可能存在的问题。

这种问题可能使你陷入两难的境地。你也许会给出一个可能暴露你性格缺点的答案，或者违心地声称不知道自己有什么缺点。这样的回答对自己没有任何好处。怎样才能避开陷阱巧妙回答？可以从下面三个角度考虑：（1）说出在多数人看来是优点的"缺点"；（2）已经克服的缺点；（3）不会影响到应聘的工作的缺点。比如，你应聘的是文秘的岗位，那么你就可以这样说："我最大的缺点就是过于注重细枝末节，对细节的要求有些近似于苛刻。在学校的时候，我经常提醒室友注意这注意那，别忘记这别忘记那，显得有些啰啰唆唆的。以后我尽量改正这些缺点……"

4.你的座右铭是什么

你的座右铭应该能够反映出你自己的某些优秀的品质或是性格特征，并能说出是谁说的，出处在哪，最好能说出两句。

参考回答：

（1）只为成功寻方法，不为失败找理由（没有企业不喜欢这样的员工）。

（2）仁、义、礼、智、信（品格是多么的高尚）。

（3）与有肝胆人共事，从无字句处读书（有志气，是个可用之才）。

5.谈一下你的性格

泛泛地谈论个人的性格不会给人留下深刻的印象，一定要结合自己的切身体会来谈，这样会更有说服力。

参考回答：我做事、考虑问题都很认真、仔细。因此，我在行动方面表现得比较差，总是思前顾后。但是，只要我认清了该做的事，就会不顾一切地去做，不达到目的决不罢休。此外，我很热心，看到别人有困难就忍不住想帮忙，同学有事情也愿意和我商量，我也一直尽自己最大的努力帮助他们。

6.你喜欢单独工作，还是与他人合作

回答这个问题的时候，你应该了解到你所应聘的工作主要涉及个人还是团队，然后作出相应的回答。不过，无论你做什么工作，都不得不与其他人交往，有时甚至要与一个团队合作。因此，你的回答应该表明你自己可以适应这两种情况。

参考回答：必要的时候，我很乐意独自工作，我不需要别人不时督促。我也很愿意和别人一起工作，毕竟人多力量大啊！

7.你认为自己过去工作中最值得骄傲的一件事情是什么

主考官问这个问题的目的并不是想了解你过去曾经有过哪些辉煌成绩，而是在调查你的思维模式和心理特征，以及你

的价值取向。如果你如数家珍地将自己过去的成绩一一罗列开来，只能给人一种骄傲自满或好大喜功的印象。

如果你是有工作经验的求职者，可以这样回答："在经理的支持和同事的帮助下，我曾经带领大家……"这样的回答既显示了自己积极主动、团结协作、勇于进取的一面，同时又表明自己尊重别人的劳动，显得客观、公正；如果你是个应届毕业生，则可以这样回答："在大学（高中）的一个寒（暑）假里，我找了一份兼职工作，虽然很累很苦，但我一直坚持到开学。那个学期的学费都是我自己挣的，我感到很自豪，那是我人生中一次难忘的经历，并激励着我走好今后的人生之路……"这样能体现你独立自主、吃苦耐劳、积极进取的精神和坚韧不拔的毅力。

如果你没有寒、暑假兼职的经历，也可以根据自己的实际情况作出回答。比如，在文艺活动或是体育比赛中取得好成绩，显得你热爱运动；参加公益活动体现你乐于助人，有奉献精神；组织了某项有意义的活动，体现你有策划能力。所述的事情最好有一定针对性，能体现你性格中某一个闪光点或是乐观向上的人生态度。

8.你如何规划自己未来的职业/你今后5年的目标是什么

很多人为了显示自己的雄心壮志，会作出诸如"进入高层"、"拥有自己的公司"、"当上总经理"等类似的回答，但这种回答显得有些空泛、不切实际：高层的定义是什么？一个总经理的基本的职责又是什么？哪个领域的经理？拥有什么样的公司？怎样来经营？这些都要考虑，考官很可能就着你的

回答一直问下去。这样，如果你事先考虑得不周到，那么就很难流利地回答接下来的提问。

你应该重点说明你希望获取的经验类型而不是职务头衔，而且你不知道要花多长时间才能令面试官明白你的意思，所以你应该立足于你所申请的职位，描述你能为这个职位提供的新经验和职责。比较可靠的回答是你要说明自己发展的专业领域或是方向，来表明自己脚踏实地的态度：

"我的事业计划是积极进取，我希望在今后 5 年的工作中，成为知名的行业专家，而且获得受人尊重的××（管理）职务，这个职务主要负责××（业务）事项。我想，经过我的努力，过一段时间我就会拥有许多有关××（业务）事项方面的经验。"

9.你为什么要选择我们公司/你为什么要来这里工作

回答这个问题的时候，要对该公司和它提供的这份工作如何适合你的事业的发展计划有个明确的概念，最好从行业、企业和岗位三个角度来回答。要说明这份工作在哪些方面能使你最好地发挥聪明才干。其中包括公司的组织形态、声誉、条件、管理方式以及面临的机会和挑战等等。由于这些积极的因素，使你想成为公司的一员并为公司的发展贡献自己的力量。

你可以这样回答：我认为×××公司为员工提供了一个充满挑战的工作环境，一个和谐的工作氛围和一个自由发展的平台。我在××领域有×年的工作经验，我的工作经历表明我具备从事该工作的才能。我想我可以通过一个例子来说明……我在寻找一个能够帮助我进行专业开发的公司，给我提供继续

提高和超越现有水平的机会。我相信贵公司能够提供这样的机会。

10.你对我们公司有哪些了解

在你来公司应聘之前，自然应该对这个公司有所了解。你可以先从一般的背景谈起，然后再集中到自己感兴趣的领域。比如，先谈谈公司的主要产品或是服务、它的历史背景、当前状况以及未来的前景等，接着转向你感兴趣的方面。比如，该公司在市场上所实行的营销策略，所开展的销售活动等。然后，你再谈谈自己为什么对这些感兴趣，为什么愿意加入该公司。

11.谈谈你的一次失败的经历

北大毕业的小曹在叙述自己求职经历的时候曾指出，在她找工作过程中最尴尬的经历是发生在"宝洁"的面试中。面试官问小曹：谈谈你自己觉得做得最失败或者最不成功的一件事。因为小曹之前完全没有想过这个问题，一点准备也没有，一时间大脑一片空白，什么也想不起来。于是，她只好编了件事情，说她一次期末考试因为没有准备好，所以考得很差，非常难过。她自己也知道说得很不好。最后，面试失败了。

回答这个问题的时候，要注意以下几个方面：(1)不宜说自己没有失败的经历。每个人都经历过失败，说自己没有失败过是不可信的；(2)不要自作聪明把那些明显的成功说成失败，且应该明白自己说出的失败不会对所应聘的工作产生影响。比如，你应聘的是公关部主任，你却把自己曾经如何由于沟通不善而导致工作失利的失败经历说出来，这对你的应聘将是一个

致命的伤害；（3）在叙述失败的经历的时候，要自然而然地显示出自己失败的经历是由于客观原因所致，而在这个过程中自己曾经竭尽全力。虽然失败了，自己并不会因此而气馁，会以更大的热情迎接新的挑战。

12.我们为什么要录用你

回答这个问题的时候应该从自身的基本条件与工作需求的吻合度、对工作的兴趣以及自己的自信心这几个方面来回答。

参考回答：

(1)我个人的条件完全符合贵公司在这个岗位上的用人要求，这样的工作也是我个人的兴趣所在，而且我有足够的信心把这项工作做好……

(2)作为一名应届毕业生，我在工作经验方面可能有所欠缺，但在读书期间我一直在利用各种机会在这个行业里作兼职来锻炼自己。我发现，实际工作远比书本知识丰富、复杂，但我有较强的责任感和适应能力，并愿意学习，能够很快地接受新事物，所以在兼职期间能圆满地完成各项工作，并获取宝贵的经验。请您相信：我在学校所学及兼职的工作经验使我足以胜任这个工作。

13.你对薪金有什么样的期望/这样的薪金标准怎么样，能接受吗/你对薪金有什么要求吗

用人单位问这样的问题，主要是想了解你的胃口和你的抢手程度。如果是小的企业，你可以直接说出你的薪金期望；如果是较大型的公司，通常会在最后一轮面试的时候问你这个问题，这时你可以给出一个幅度，上限不要太高，下限可以低

些，这样可以给双方商量的余地。只要让他感觉到你能真心接受该行业市场行业的标准工资就可以了。

如果你被问到薪金这方面的问题，说明用人单位对你有意向，这是一个积极的暗示，下面的回答你可以作为参考。

（1）我期望的工资标准应该是……但期望是一回事，毕竟我刚走出校门，对行情不是很了解，贵公司有自己的工资标准，在这个前提下，我尊重贵公司对于薪金方面的考虑……

（2）我没有把薪金特别当回事，但有时候，工资的多少是个人成功与否的衡量标尺。我也相信，贵公司会按照我工作能力的高低在工资中相应地体现，我愿意接受贵公司的薪金标准。

（3）薪金对于我来说并不是最重要的，毕竟我刚出校门，在工作经验方面还需要学习。另外，贵公司有自己的薪金安排，我尊重贵公司的考虑，也相信自己的适应能力和工作能力，更相信自己的价值会在贵公司的薪金上有公平体现……

14.你择业考虑的主要问题是什么

回答这个问题的时候，应该多谈自己所应聘的工作对自己的职业发展和职业目标的实现有利的一面，比如应聘单位的氛围能够发挥自己的专业所长，符合自己的志向和兴趣等。至于一些与物质利益有关的条件，如工资、福利、环境等，最好少谈。如果主考官问到这个问题，也要把握好分寸，适可而止，不要让主试人觉得你是一个一心向"钱"看的人。你可以回答待遇问题对于你来说是次要的，而且要相信用人单位会按国家政策和单位的制度办事，会根据应聘者的工作能力来提供有竞

争性的报酬。

15.这份工作压力很大，你能承受得了吗

这个问题是考验你的毅力和耐力，是否踏实肯干，是否吃苦耐劳，问题的答案和回答的技巧同样重要。在主考官提出这个问题时，不要回答说什么压力都不怕，应先请主试人进一步说清楚这种压力指的是什么。因为，也许这种压力真的很沉重，也许你不希望承受这种压力，当然，那也不必直接说出。若你可以承受，那么最好的回答就是："我觉得没有压力就无法提高。有压力才会有动力，在压力之下，我会表现得更突出。"或者是："我曾经有过承受很大压力的经历……在那段时间里，我觉得自己成长得很快……"

16.你对公司还有什么问题要问/你还希望了解哪些方面的事情

多数情况下，当对方问这个问题的时候，就表明公司对你有意向，很有可能录用你。如果对你不满意，对方就会忽略这个问题，省得浪费时间，所以一定要慎重对待。

如果你要想问，问的问题要有针对性，从而引起对方的注意，同时，语气要委婉。有的同学可能会对"你们打算招聘多少人""什么时候给我们最终的答复"这样的问题比较感兴趣，如果这些信息在招聘信息中已经说明了，你再问就表明你对招聘信息关注不够，反而不好。你可以就员工发展机会、工作挑战、职业生涯路径等问题进行提问。

下面是几个供参考的问题：（1）您能描绘一下这个职位上的典型的工作日的情形吗？（2）做这份工作获得提升的可能

性有多大？负责该工作的前任是否被提升了？（3）您觉得贵单位的气氛如何？是正规而传统，还是充满活力、不拘一格？（4）我的第一份工作项目会是什么？（5）公司会安排我参加何种培训？参加培训，对我本人有什么要求？

17.当你的意见与上级不一致的时候，你该怎么办

这种情况在工作中确实存在，考官是想根据应聘者对这个问题的回答来判断应聘者对自我要求的意识及处理问题的能力，这既是一个陷阱，又是一次机会。这是一个很棘手的问题，对于一个工作了几年的人来说，也会感到头痛，更别提刚刚走出校门的大学生了。

回答这个问题的时候，出发点必须站在领导的角度并以对工作认真负责的态度来回答。

参考回答：对于非原则性的问题，作为具体执行工作任务的我来说，我会服从上级的安排，并尽快做好。本着对工作负责的态度，我会从实际工作的具体情况，给上级以必要的信息和提醒。如果是两位领导，我会分别与两位领导在没有他人的情况下，说出该领导和另一位领导意见的合理的地方，并综合他们的合理之处说出我对这个问题的建议，让他们都能考虑实际情况和对方的意见，并欣然接受我的想法。这样，面试官会觉得你有责任心，有头脑，还服从领导。

18.为什么要离开先前的那家公司/你离开最近的工作的原因是什么

这个问题很敏感，而且被问的概率是相当高的，是一个很重要的问题。招聘单位主要是想从中获取更多的关于你的信

息：你是否因某种疾病而想要换工作？你的离开是不是因为你和老板或是同事之间的冲突？是否因为没有得到提升或是个人能力差不能胜任，或是其他的原因。

与老板、同事不和或是企业裁员等消极理由，会对面试产生不利的影响。即使是模糊或是回避性的回答，也会使面试官怀疑你改换工作只是出于一时的冲动。应聘者要使招聘单位相信：应聘者在过去单位的"离职原因"在这里不存在。避免把"离职的原因"说得太详细、太具体。不能涉及自己负面的人格特征，比如不诚实、懒惰、缺乏责任感、孤僻、不容易相处等。尽量使改换工作的理由为自己的个人形象添彩。下面列出几点理由可以作为参考。

（1）挑战。你希望承担更加复杂的责任或是义务。

（2）声誉。申请加入有声望的公司是改换工作一个可以接受的理由，如果你的知识和技能足以让你感到自豪，将它用于好的有发展的企业又有什么不对呢？

（3）提升。如果申请的职位比现在的职位高，你当然希望得到它，特别是在你先前的公司的人事结构不会使你得到进一步发展的情况下。

（4）机会。你希望有机会从事不同的工作，或者是以特殊的方式来实现自己的职业目标。

（5）地理位置。如果你所应聘的公司处于较好或是较便利的地段，你可以将它作为一个理由，但不能成为最主要的原因。

（6）保障。拥有一个稳定、安全、有保障的工作是多数

人的想法。对于某些工作来说，这个理由有一定的说服力。

（7）报酬。你之前的工资不能体现你的能力或是为公司创造的价值，但这一点不要成为主要的或是唯一的原因，否则会让人觉得你是个唯利是图的人。

理想的回答应该是先表明你喜欢所应聘的工作，并简要地说明喜欢哪些方面和喜欢的理由，然后再以上述理由为指导，解释为什么要改换工作。

参考回答：我喜欢该工作，更愿意在贵公司工作。原因在于……（可以谈谈你喜欢的任务要点或者是工作条件）在过去几年的工作中，我已经熟练地掌握了××技能（可以举例来说明），可惜我之前工作的公司是个小公司，无法提供进一步发展的机会。

19.你能为我们做出什么贡献吗

回答这个问题的时候，你可以先说说你的能力、知识、经验和为人处世的原则。如果他们要求具体地谈，你可以从所学专业知识、对工作的认真态度、吃苦钻研精神、在未来几年对事业的追求等方面做进一步的介绍，最好举一两个成功的例子；如果你还知道该单位的某一种产品，正好属于你熟悉的业务范围，那么你的回答应该能使对方满意。

20.你喜欢哪种类型的领导

这是一个比较敏感的问题，在你回答问题的时候一定不要批评某一种类型的领导。因为面试你的领导很可能就是你不喜欢的那种类型。你可以这样回答：我喜欢能干、有魄力、有领导才能，能及时给我批评与指导的领导。

21.你是应届毕业生，缺乏工作经验，如何能胜任这项工作

如果招聘单位对应届毕业生直截了当地提出这个问题，说明应聘单位并不在意有无"经验"，关键看应聘者怎样回答。

你可以这样回答：作为应届毕业生，在工作经验方面确实会有所欠缺，因此读书期间我一直利用各种机会在这行里作兼职。我也发现，实际工作远比书本知识丰富、复杂。但我有较强的责任心、适应能力，学习能力强，因此，我圆满地完成了各种兼职工作，并从中获得了宝贵的工作经验。请贵公司放心，我在学校所学知识和我的兼职经历使我一定能够胜任这个职位。

22.你怎样看待男女交际

这里所说的男女交际不是男女朋友的关系，而是在工作岗位上男女交往关系。回答的时候，应该与工作结合起来。你可以这样回答：在工作中，男女之间的交往是很正常的，男女各有特长，在互相尊重的基础上，互相关心，互相帮助，取长补短，这样对做好工作是有帮助的，也有利于促进公司的发展。

23.你如何看待单身女性的独身生活

不论对方是以何种口气来提问的，都要结合工作认真回答，因为你现在是在面试，不是和朋友在随便聊天。你可以这样回答：现在独身的女性越来越多，这是事实。我觉得，独身生活是个人的选择，本无可厚非。而且，从某种意义上说，单身女性负担少，会有更多的精力来干一番事业。

24.请谈一下你对朋友的看法

面试官问这个问题，是想通过你的回答来判断你的性格

和人品。回答这个问题的时候，不能只是一般性地来论述朋友的概念和含义，应该通过朋友这面镜子进行自我分析，自我评价，使用人单位对你有进一步的了解。

你可以这样回答：我认为，真正的朋友不只是大家在一起吃吃喝喝，玩得开心，而是应该志同道合，互相帮助，共同进步，为了理想一起努力。

25.你的朋友对你的评价和看法如何

通过朋友的评价来介绍自己，并在其中加入自己的体会和看法，以起到进一步介绍自己的作用。

参考回答：朋友都说我是个善良的人，是个值得信赖的好朋友，接触时间越长，关系越密切。在我大学 4 年的生活中，每当同学生活或是学习中遇到困难，都愿意与我交谈。我也尽自己最大的努力去帮助他们。我觉得，只要你真心对待他人，就一定能够收获真诚和友谊。

26.你和朋友有约会，可是上司又临时要求你加班，这时候你该怎么办

这个问题让你处于两难的境地，舍弃哪一方都不好，最好能找个话题来回避。

你可以这样回答：我希望尽量不要发生这样的事情。但约会也不一定非晚上不可。

27.如果你这次落选了，你会怨恨谁

从这个问题的回答，考官可以看出你的价值取向、对问题的分析能力和对自己的评价。

你可以这样回答：我不会怨恨你们，因为我相信你们的

公平；我不会怨恨被录取者，因为他们比我强；我不会怨恨自己，因为我已经尽力。但是——如果一定要问我怨恨谁的话，我只怨恨名额太少了。

28.作为一个面试者，你能评价一下我吗

不管你对面试官有怎样的不满，都不能批评他，你可以试着列出几个优点和一个小的缺点。比如说，你可以说面试官很和蔼，是个容易交流的人，或是个比较精明的人，做事干净利落等。

参考回答：您是个相当精明的人，善于从各个角度获取我的信息，是个出色的主考官。这是我经历过的最艰难的一次面试，我以后再也不想参加这种面试了，我十分理解您要达到的目的和所做的一切。

29.你擅于与陌生人交际吗

可以结合自己以前与陌生人打交道的体会、经验和实例来谈，中间夹杂一些幽默效果会更好些，不能单纯地回答自己"擅长"或是"不擅长"。

参考回答：我性格开朗、活泼大方，与陌生人接触从来不怵头。在与一些古板、难说话的人打交道的时候，我总是先微笑着打招呼，给对方留下一个好的印象，打造一个轻松愉悦的谈话氛围，然后再谈要办的事，结果办事都比较顺利。这也是一个互相尊重和以礼相待的问题。

30.你崇拜的人是谁

回答这个问题时，最好的答案是朋友或家人，应尽量避免谈及名人。你可以这样回答：我的父亲，他是我最敬重、最

值得信赖的人。他很坚强，在生活中无论遇到什么困难，他都会毫不畏惧地去克服。他关心我的学习和生活，教我做人的道理。只要有父亲的支持和鼓励，我做什么事情都是信心百倍。我决心也要做像父亲那样坚强、有骨气的人。

31.你结婚了吗，有人说："婚姻是爱情的坟墓"，你是如何看待婚姻这个问题的

应该以积极向上的观点来回答这个问题，是否结婚应该如实回答。而且你可以这样告诉对方：我觉得婚姻幸福是我一生中最大的幸福。

32.你如何评价你的大学生活

大学时期是人生的黄金时期，也是职业生涯的准备时期。你可以强调自己在学习、工作和社会实践等方面所取得的成绩，以及大学生活对你所产生的重要影响。当然，也可以简要地说一些自己感到有些遗憾的地方。

33.你对自己的学习成绩满意吗

对于这个问题，那些学习成绩比较好的毕业生自然能够很好地回答；但对于那些成绩不太好的毕业生，则会有所顾虑。其实，大可不必担心，如果你的学习成绩确实不太理想，你可以说出自己的情况并表明自己的态度，重要的是一定要给予一个合适的理由。这个理由不能是客观原因，如"老师教得不好"，让人觉得你是个喜欢推卸责任的人，会想到你在今后的工作中也会这样做。同时，最好在介绍中适当地突出自己优秀的那一面，以弥补成绩差给对方留下的不好的印象。

34.你愿意做基础性的工作吗

用人单位根据以往的经验，发现有些毕业生不愿意做基础性的常规的工作，有些好高骛远。所以，在面试的时候，提出这样的问题，看对方是否是踏实肯干的人。下面的回答可以作为参考。

（1）这不是愿意不愿意的问题，而是必要甚至必须的问题。说实话，我更想成为高级的白领，但我知道基础性的工作会给我更多的教益，基础性的工作的锻炼对我来说是进步的基础。

（2）我很愿意自己的职场生涯从基础的工作开始，因为基础性的工作会带给我很多宝贵的经验，这些经验对于战胜未来可能遇到的任务和挑战有着很大的帮助，所以我愿意做。

（3）其实，大多数的人都要经历这样的阶段，我能够正确认识和看待基础性的工作，会把这样的工作看成是对自己的锻炼。只有做好简单工作的人，才能逐步地具备适应复杂工作的要求，就像不会走路的人根本不可能跑一样。

35.你想找一份长期的还是临时性的工作

正规的单位都不愿意自己的员工队伍经常处于变动的状态，所以在面试时想了解应聘者对于工作的态度。你可以这样回答：我想找一份长期的工作，因为我不是那种一锹下去不见水涌出就离开的挖井人，更不是那种靠不断变换新环境来寻找新鲜和刺激感的人。在自己熟悉的环境中，我的能力肯定会更加容易地发挥出来。

也可以这样回答：我要找一份长久工作。我要在这个领域里立住脚，要抓紧时间利用一切机会来向有经验的人学习，不

断地充实自己，提高自己。

36.你认为今天面试的效果如何

不管你自己感觉怎样，回答的时候，你都要镇定，要抓住一切机会来推销自己。

你可以这样回答：虽然有些紧张，但我觉得自己已经尽了最大的努力，不管结果如何，我对自己的表现还是满意的。不过，我还是很希望到贵公司工作，因为我觉得这份工作可以发挥我的专长。

37.请谈谈你对工作、对生活的意义的看法

面试官想通过你的回答来了解你的价值观和生活态度。你应该具体地说出自己认为有价值的生活方式。

可以这样回答：我希望工作是充实而饱满的，工作太轻松是对生命的浪费。特别是我们年轻人，在勤奋工作之余还应抓紧时间发展自己的业余爱好，这样生活才会有趣，人生才会有意义。

38.你觉得这份工作的哪个部分最无法忍受

无论你从事何种工作，时间长了，都可能有让你感到厌倦的地方，但面试的时候，你不能按照自己的想法来回答。

你可以这样回答：我一旦全身心地投入工作，就会迫不及待地想早一点结束工作，而且如果是我感兴趣的工作，我会不知疲倦，所以很少有难以忍受的时候。

39.你为什么一直做这类工作

回答这个问题的时候，不要反击对方，更不能贬低自己，要强调自己的经验和阅历，这是你的资本和财富。

你可以这样回答：谢谢您的关心，不过我觉得这并不是一个问题，我喜欢这类的工作，而且我相信一个工作做得越久，我收获得越多，取得的成绩也会越大。

40.你为什么选择我们这样的小企业

可以具体分析大企业和小企业的利弊，然后说明只有在小企业里才可以发挥自己的特长和达到自己想要达到的目标。

你可以这样回答：大企业福利、待遇可能会好些，但每个人的工作就像螺丝钉一样被固定在一处，很难发挥自己的特长。贵公司虽小，但重视人才，能给我提供一个发挥自己特长的成长的空间，所以我希望能在这里工作。

41.我觉得你不适合到我们公司工作，你怎么看

面试的过程就是应聘者与主考官之间斗智斗勇的过程。一些主考官可能会问一些极为刁钻或是让人感到非常尴尬的问题，以检验应聘者的心理承受能力。有时候，他们甚至会用一个明显不友好的方式发问，或是以怀疑、尖锐、单刀直入的眼神，使应聘者心理防线完全溃退。如果这个时候你被激怒，或者完全失去了信心，那你可就中圈套了。

面对主考官咄咄逼人的态度，你要保持冷静，微笑地面对挑战。要知道，一个真正的智者，无论在任何情况下，都会永远保持智慧与谦和的微笑。

第四节 如何认识和了解考官

面试考官的决定将直接影响到求职者的职业命运，对求职者的职业生涯的发展将会产生重要的影响。每一位求职者都希望自己在面试的时候能够给考官留下一个良好而深刻的印象，顺利地通过面试。

因此，观察考官是个什么样的人，了解他的说话方式、思维方式，从而在心里有所准备，知道自己在面试的时候应该注意哪些问题，如何面对考官，就显得尤为重要。

面试是一项专业性很强的工作，主考官要在一定的时间内含而不露地对你作以下几个方面的评价：

1.你的性格类型、兴趣爱好、判断能力和语言表达能力。

2.你的个人仪表、自信心和为人处世、真诚度等方面的情况。

3.你的受教育情况、身体状况、家庭情况以及工作经验等能否胜任这项工作。

4.除了对你的工作技能了解之外，还要判断你的个性是否

能与部门的其他人愉快合作。

考官会通过各种看似无关的话题与你交谈，通过你的言谈举止对你的各个方面作出判断。考官在面试的内容上大同小异，但每个考官的性格不同，兴趣各异，看问题处理事情的角度也就不一样。

一、谦虚型考官

有些考官表面上谦虚可亲，容易打交道，当他们和面试者见面的时候，会主动握手，并说一些鼓舞人心的话，比如"我看了你的简历，你的能力很强""你的学校很有名，相信你也是个不错的人才"，等等。

其实，这只是假象，虽然表面随意，但他们拥有敏锐的洞察力。如果你说谎并尽力想掩饰内心的不安，也很容易被对方识破。他们在说话的时候，总是让你感到很放松，很舒服；他们多会用赞同的方式和你交谈，同时观察你的细微反应。

如果你遇到这种类型的考官，一定要保持高度的警觉。首先，一定要诚实，老老实实地说出自己的想法；其次，不要一味地去迎合考官，要有自己的看法，但也不能妄自尊大，以为自己很了不起；最后，要学会比考官还谦虚，你要知道，考官表面上谦虚，但内心却很有想法，不要被表面现象所迷惑。

二、刻板型考官

刻板型的考官会让你感到不自在，会让你感到紧张。当你出现在他面前的时候，他面无表情，对于你的出现他没有任何反应，好像在想别的事情或者根本就没有注意到你的到来。这使本来就有些紧张的你不知所措，你试着客气地和他打招呼，

他所作出的反应和你所预想的也大不一样。

这种类型的考官性格内向，做事一板一眼，坚持原则，有时候还比较固执，他对人的理解多数是纯概念性的，因此，他对人要求的条条框框也比较多。有时候他说话生硬、不中听，给人的印象是不好打交道。其实，这类人一旦遇到自己感兴趣的事情就会滔滔不绝，情绪高涨。只要你花些时间，用心观察他的一举一动，从他的言行中找出他真正关心的事情或感兴趣的话题随便聊聊，就会拉近彼此的距离，面试也就顺利得多了，你也会很容易获得成功。

三、缺乏经验的考官

这种类型的考官对面试缺乏了解，没有什么经验，所以有时候可能会表现得不知道该说什么，但这并不代表他们没有能力。他们在作判断的时候，可能会毫不留情，也可能心慈手软。

遇到这样类型的面试官，要保持镇定，尽可能流利、清晰地回答他们所提出的问题。在面试结束的时候，他们会忘记问你有什么要问的，这时候你要主动对对方没有提到的而你想知道的方面进行提问。

四、热情型考官

这类考官说话滔滔不绝，热情洋溢，他们乐于与别人分享他们的世界，尤其工作方面的事情。热情型的考官一般是先介绍自己，然后描述自己的公司、公司的环境，并与你讨论你所应聘的职位。他们善于发现你经历中积极的方面并进一步追问。他们喜欢微笑、点头，并对你的发言表示赞同，所以很容

易打动人。

热情型的考官不善于提问，谈话很容易离题，他们多数喜欢聘用那些和他们合得来的人，这对于那些容易把话题扯到与职业无关的事情上的人来说是很危险的。

和热情型的考官接触的时候，要举例说明为什么你的经历和背景适合你所应聘的职位，不能骄傲自大，在适当的时候，可以不经意地插入一些关于你自己和你的职业相关的话题，让他们觉得你是聪明且善于合作的，这样就会给对方留下好印象。

五、傲慢型考官

还有一种考官，他们为自己拥有的权力而感到骄傲，为自己掌握着求职者的求职命运而沾沾自喜。因此，面对面试者时，他们往往给人一种"唯我独尊"的感觉，我们称这样的考官为傲慢型考官。

傲慢型考官在面试的时候，眼神傲慢，喜欢摆架子，脸上没有一丝笑容。这样的主考官会让人更加紧张，有时他们身上散发出的傲慢的气息甚至会葬送你所有的自信。

实际上，这样的考官并不多。即使你遇到了，也不要慌张，因为考官所表现出来的那种傲慢只是为了表明自己的强大，实际上他也只是个普通人。遇到这类考官，心理上不能打败仗，不能让自己的自尊受到损害，要把考官和自己放在同一个位置上。说话时应该简洁有力，不要得罪对方，同时还要把自己的情况交代清楚。如果他说出了刺耳的话，也不要发怒，要巧用言语相对。

六、耐心型考官

耐心型考官做事认真，一丝不苟，很有耐心，也是很善良的人。但做事时会显得有些不急不慢，有些不太爽快，工作效率差。他们会让你先把准备好的材料递上去，仔细地看一遍，然后在精心研读之后，还要就材料中某些问题对面试者进行提问。有时候甚至连一些微不足道的细小问题也要反复询问，且在提问的时候没有层次，东拉西扯，这会令面试者感到不安。

面对这种类型的考官，面试者一定要稳定自己的情绪，按捺住自己的性子，做个耐心而专注的聆听者，即使不懂的问题，也要在考官说完之后再问。说话时保持温和谦虚的口气，尽量详细地回答考官所提出的问题，在语气和表达方式上尽量配合考官，要显得比考官更有耐心，这样面试才能取胜。

第五节　　非常规面试及疑难问题

求职者为了找到适合自己的工作，由内到外全面武装自己，想方设法通过各种途径来推销自己；而另一方面，招聘单位也是煞费苦心，为了招聘到合格满意的人才，除了采用主考官与求职者一问一答的常规方式之外，还会利用一些"道具"和"场景"来对面试者进行测试。这些"道具"和"场景"可以是物体，也可以是人。采用这种形式的时候，常与所应聘的职位和对应聘者某方面的要求有关，考察的内容通常有以下三个方面。

一、专业能力的考察

比如你应聘的是财务工作，则会考察你办事是否认真、仔细、负责等。如果你应聘的是销售工作，则会考察你的人际交往能力、随机应变能力。

求职者可以根据自己应聘的岗位的工作特点来推测考官的真实意图，根据现场情况作出相应的反应。

二、综合素质的考察

对求职者综合素质的考察主要包括逻辑推理能力、与人沟通的能力、团队协作能力等。采取的方式有很多种，比如让面试者在房间里等待，考官在暗中观察，或是把面试者集中在一起对某一个问题展开讨论，面试官在旁边观察每一个人的表现。还有的是设置一些人为的障碍或是让应聘者做一些明显不合常规的事情，以此察看应聘者的思维是否敏捷等。

三、细节问题的考察

主要是考察面试者的个人品质和个人修养，比如做事是否有始有终，不半途而废；是否严谨认真，不丢三落四；是否有公德心和爱心，愿意帮助他人；是否襟怀坦荡，不缩头缩尾等。好习惯在平时就要养成，不然等到求职的时候，现准备就难免露出破绽。如果因为一个细节而错过一个好的工作机会，实在是有些令人感到遗憾。

面试的花样越来越多，每次面试时会遇到什么样的情况谁也无法预测。但是，作为求职者只要在头脑中有这种非常规面试的意识，多了解一些非常规面试的方法，在心里做好一定的准备，就不会在面试的时候感到手足无措。下面是一些非常规面试的例子，可以作为求职者面试时的参考。

1.应变能力考察

有一家公司招聘管理人员，考官给每一位应聘者发了一把米尺，要求测出这幢大楼的高度。应聘者有的利用几何知识烦琐地计算；有的爬到楼顶用绳子去测量……有一位应聘者来到大楼管理处询问，得到了正确的答案，因此得到了录用。

仅用一根米尺是不可能测出大楼的准确高度的，测试应聘者的应变能力才是"米尺"面试的真正目的。因为一个管理者应当具备的基本素质之一，就是随机应变的能力。

2.职业素质考察

一些单位在招聘的时候，常会通过一些道具或集体面试来对应聘者所从事的职业经历和职业习惯进行考察。

一个很有名的猎头公司费了九牛二虎之力才从一家知名国企挖到一个很有实力的CFO（首席财务官），没想到在第一次面试之后就被用人单位给刷掉了。后来经过调查才知道，原来那个CFO在面试时的表现令人很失望，他的行为与身份显得很不相称，这一切都大大出乎猎头公司的意料。

本来用人单位与他约好下午14:00开始面试，但他14:20才到面试单位。面试的时候，经理还没问什么，他就开始解释说路上堵车堵了好长时间，实在没办法。面试刚开始两分钟，他的手机就响起了动听的铃声，CFO习惯性地接听了电话，旁若无人地说道："这件事不是跟您说多少次了吗？你直接问总经理就行了……"面试中，谈到一个专业问题，面试官问："您觉得这么操作可行吗？"CFO回答说："我觉得这样做肯定没问题，这方面我有十几年工作经验了。"结果，虽然对方对他的业务能力表示认可，但觉得一个连基本职业素质都不具备的人，实在不敢邀其加盟。

当谈到用人标准这个问题的时候，很多欧洲企业的人力资源经理都表示，除了对企业文化的认同感之外，他们还特别注重应聘者的行为细节，因为这些直接体现了一个应聘者的职业

素养。也许那个CFO怎么也想不到自己没应聘上的原因，竟然只是因为一些小小的细节问题。

3.耐心考察

有一家公司的一个部门经理辞职了，于是董事长决定找一位德才兼备的人来接替这个位置，可是，连续来应征的几个人都没有通过董事长的"考试"。

这天，来了一位三十来岁的留美博士。董事长通知他面试的时间和地点都很特别：凌晨5点去董事长家考试。这位博士对此并没有什么意见，在第二天凌晨5点就去按董事长家的门铃，却一直未见有人来开门。一直到8点钟，董事长才让他进门。

面试的题目由董事长口述，董事长问他："你会写字吗？"博士困惑地看着董事长，说："会。"

董事长拿出一张白纸说："请你写一个白天的'白'字。"

他写完了，交给董事长，董事长没有再问什么问题。博士疑惑地问道："就这样吗？"

董事长静静地看着他，回答："对，考完了！"

年轻人觉得很奇怪，这是哪门子的考试啊？

第二天，董事长在董事会上宣布，该名年轻人通过了考试，而且是一项严格的考试！

接着，董事长说明了该博士通过考试的理由："这么年轻的博士，他的聪明与学问一定不是问题，所以我考他更难的。首先，我考他牺牲的精神，我要他牺牲睡眠，凌晨5点钟来参

加我的面试，他做到了；接着，我又考他的耐心，要他空等3个小时，他也做到了；最后，我又考他的脾气。我只考堂堂一个博士5岁小孩都会写的字，他也肯写。虽然他已获得了博士学位，但仍然很谦虚，有牺牲的精神、有耐心、脾气又好，这样德才兼备的人，还有什么好挑剔的呢？所以，我决定任用他！"

4.主动性的考察

有一次，毕业生小牛前往××公司应聘。他到场后，发现除自己是普通学校的毕业生外，其余都是名牌学校的毕业生。当他与最后20多名候选人进入会议厅准备接受公司经理最后面试时，老板却迟迟没有出现。小牛突然意识到：这也许就是一种考试。于是，他马上对在场的应聘者说："同学们，我们相互认识一下吧，难得有这样一次相识的机会，不管我们中间谁被录用，我们仍可以多加联系。"

接着，他开始介绍自己，并主动与人交谈。当时，有些应聘者对他的举动还不以为然。最后，小牛成为这批同学历面试者中唯一一个被该公司录用的人。他进公司不久，便被任命为部门主管。

5.对爱心的考察

某幼儿园要招一名院长助理，应聘的人很多，其中包括很多高学历者。有一位小姐只有大专文凭，也来参加应聘，并顺利地通过了复试。

那天复试完以后，主考人领着大家去食堂用晚餐。在去餐厅的路上，一群人遇到了一个小男孩在哭，应聘者有的拂袖

而过，视若无睹；有的怜悯地看了一眼，然后继续走路……那位小姐经过的时候，走到小男孩的面前说："怎么啦？为什么哭呢？来，告诉阿姨。"说着，还拿出纸巾给小男孩擦去脸上的泪水。第二天，那位小姐接到了录取通知。原来那个小男孩只是一场特殊的面试，主要是考察面试者的爱心，如果没有爱心，怎么能当好院长助理呢？

6.动手能力的考察

例如，由用人单位给面试者一些材料、工具或是道具，让他们利用所给的这些资料，设计出一个或一些考官指定的物体来。目的主要是考察应试者的主动性、合作能力以及在一项实际操作任务中所充当的角色。再如，给应试者一些材料，要求他们相互协作，共同构建一座楼房或是其他建筑的模型。类似的这种问题，考察应试者的操作行为要比其他方面多一些，比如语言能力和人际交往能力。

一家外资企业招聘一名机电维修主管，前去应聘的有大学生，也有技校生。公司考官在本公司的数控机床上故意设置了故障，要求应聘者在20分钟之内排除。小王是大学毕业生，在面试前，他做了精心的准备，认真复习了有关理论问题，没想到公司出了这样一道题。不过，他觉得自己是大学机电一体化系的学生，做这种考题没有问题。他在机器上这里检查检查，那里测试测试，忙出了一身汗，20分钟过去了，仍然没有排除故障。而技校高级技工班的学生李某则不慌不忙，只用了10分钟就将故障排除，数控机床恢复正常运转。结果不言自明，该技校生被公司录取。

公司人力资源部负责招聘的人事经理说："我们公司招聘生产技术岗位员工，不只看文凭，更注重实际工作能力。大学生理论知识丰富，如果实际能力也强，那最好不过。但在招聘时，往往有的大学生实际能力不强。而技校生尽管理论知识欠缺，但动手能力强，能派上用场。在这种情况下，公司宁愿放弃大学生而录用技校生。"

大学生求职应聘，光凭大学毕业证书和理论知识应对面试已经不够了，现在越来越多的用人单位更加注重面试者的实际能力表现，包括解决生产经营中管理问题的能力，处理技术问题的能力，策划、公关、营销能力，实际动手的能力等方面。因此，大学生在求学期间利用各种机会提高自己的实践能力就显得非常重要。

7.判断推理考察

对于判断推理能力的考察主要有以下几种题型。事件排序、常识判断、图形推理、演绎推理和逻辑推理。

（1）事件排序

每题给出几个具有内在逻辑联系的事件以及这几个事件可能发生顺序的数字序列，要求安排这几个事件的发生顺序。

下面是5个事件：1.去钓鱼2.发现很多蚯蚓3.向朋友借渔具4.挖坑栽树苗5.改变计划。排列顺序为：①4—3—1—2—5；②1—4—2—3—5；③4—2—5—3—1；④3—2—1—5—4。要求选择正确描述这5个事件的止确的答案。经过分析，上述5件事情的逻辑顺序为："挖坑栽树苗"时"发现很多蚯蚓"，于是"改变计划"，"向朋友借渔具"，去"钓鱼"，因此答案为

③。

（2）常识判断

主要考察面试者对常见现象和事物产生的原因及其后果进行分析、归纳、推理的能力。这种类型的题一般没有什么技巧，主要依靠平时的观察、思考与积累。

比如：虽然我们关于太阳能的研究和讨论已经相当多，今天对于太阳能的利用还是有限的。主要的原因是：A.难以将阳光有效地聚焦；B.尚未开发出有效的收集和储存太阳能的系统；C.核能更为有效；D.太阳能系统尚不安全。4个选项中，B概括性高且全面，因此是正确答案。

（3）图形推理

这类考题要求答题者从已给图形的排列方式中，找出图形排列的规律。主要用到图形的点、线、面及其组合。做这类题的时候，首先要观察第一套图形并找出规律，然后把这套规律用在第二套图形中。观察的要点有图形的元素量的变化、旋转或移动的方向、图形之间是否有相互叠加、外形是否相似等。

比如，有以下两套图形：第一套中的图形封闭的部分按顺时针方向旋转，第二套中阴影部分的面积也是按顺时针方向旋转，两套图形都遵循了按顺时针方向旋转的规律，因此找出反映这一规律的答案就可以了。

（4）演绎推理

主要是考察面试者的逻辑推理能力，在每道题中给出一段陈述，根据论述进行推断。

有这样一段论述：对于穿鞋来说，正合脚的鞋子比过大的

鞋子好。不过，在寒冷的天气，尺寸稍大点的毛衣与一件正合身的毛衣的差别并不大。从这段论述中推出可供选择的4个结论，从中选出正确的推理：A.不合脚的鞋不能在冷天穿；B.毛衣的大小只不过是式样的问题，与其功能无关；C.不合身的衣服有时仍然有穿的价值；D.在买礼物的时候，尺寸不如用途那样重要。从直接陈述中得出正确答案为C。

（5）逻辑推理

这类题主要考察一个人的逻辑推理能力。大学毕业生小刘到北京一家IT企业应聘程序员，在面试的题目中有一道题是这样的：一群人开舞会，每个人头上都戴着一顶帽子。帽子有黑白两种颜色，黑色的帽子至少有一顶。每个人都能看到其他人头上戴的是什么颜色的帽子，但不知道自己戴的是什么颜色的。主持人先让大家看看别人头上戴的是什么帽子，然后关灯，如果有人认为自己戴的是黑帽子，就打自己一个耳光。第一次关灯，没有声音。于是再开灯，大家再看一遍，关灯时仍然鸦雀无声。一直到第三次关灯，才有"噼噼啪啪"打耳光的声音响起。问有多少个人戴着黑帽子？

在进行推理之前，你先作个假设。假如只有一个人戴着黑帽子，那他看到所有人都戴着白帽子，在第一次关灯的时候就应该自打耳光，所以应该不止一个人戴黑帽子；如果有两顶黑帽子，第一次两人都只看到对方头上的黑帽子，不敢确定自己的颜色，但到第二次关灯的时候，这两个人就应该明白，如果自己戴着白帽子，那对方早在上一次就应该打耳光了，因此自己戴的也是黑帽子——于是也会有耳光响起；可事实是第三次

才响起耳光的声音。说明全场不只是两顶黑帽子，以此类推，应该是关几次灯，有几顶黑帽子。

类似这样的题目，曾经难坏了许许多多学习成绩优秀、踌躇满志的大学毕业生。在经过了基础知识、专业知识的考核，一路过关斩将之后，许多人在名企多达数轮的面试中，就栽倒在这些"怪题"上。以上这种类型的题，对于许多人来说，确实让人措手不及。原因就在于我们已经习惯了自己的"考试"方式，而没有学会从其他的角度来考虑问题。

大部分世界知名的公司，共同的特点就是视人才如生命，他们是极为重视网罗人才的，更不会拿着招聘这样的重要活动作秀。比尔·盖茨曾提出过一个经典的"怪题"：怎样移动富士山？当被问到微软出这样的"怪题"究竟是想寻找什么样的人才时，比尔·盖茨回答，我们要考察应征者是不是按照逻辑来解决问题。类似于怎样移动富士山这样的问题，正确的答案并不重要，重要的是你有没有按照正确的思维方式来思考问题。

8.公德意识考察

有一些招聘单位在应试者必经的路上或是在面试的过程中设计一些有路障的题目，通过观察应试者经过路障时的各种表现来测试应试者的素质。例如，考官要求应试者用最快的速度跑到楼顶大厅观察，然后尽快返回，用英语描述自己的所见所感。楼道里有的地方横着拖把，有的地方堆放着杂物。一些应试者只顾上楼，见了拖把一脚踢开，或者横跨而去，只有少数人弯下腰来将拖把或杂物拿开。考官们跟在应试者身后，给那

些俯身扶好拖把或清除杂物的应试者加了分，而那些踢开拖把或横跨过去、不清除杂物的应试者就没有获得加分。

一家外企招聘一名部门主管，在面试的时候，只是让应聘者在公司内走一圈，随便看看，然后发表个人对公司的看法。不少面试者大谈公司的规模、前景以及自己的意见等。而最后录用的人并不是因为他有什么高谈阔论，只是因为他在参观卫生间的时候将正在滴水的水龙头关好了。

在期刊上还看到这样一个案例：很多人在等红灯，这个时候，一个人从车窗内扔出易拉罐。许多人都看到了，大多数人都表现出反感的态度，但没有人去捡。这时有个人把易拉罐捡起来，放到了垃圾箱里。另外一个年轻的小伙子走向他，说："我也想捡，但不好意思。"后来又有一个人走向捡起易拉罐的那个人，问："那个年轻人向你说了什么？"接着解释说："这是我们单位进行的一次特殊面试，扔出易拉罐主要是想考察一下面试者的公德意识。结果没有一个人去捡。只有那个年轻的小伙子走向你，所以我想知道他究竟对你说了什么？"后面的事情我们不必详述，但我们可以猜出那个年轻的小伙子成功的可能性会更大些。因此，大学生在平时就要记住"勿以恶小而为之，勿以善小而不为"这句话，培养自己的公德心，这样养成了好习惯，在面试的时候就不会因自己表现不当而失利。

9.对白主独立性的考察

在面试的时候，主考官对一个问题或者一个观点故意说出错误的看法，看应试者的反应。如果应试者一味地讨好主考

官，顺着主考官的错误答案往上爬，那么就会被认为是没有主见、缺乏创新精神，自然很难获得用人单位的垂青。

曾经看到过这样一个案例：一个华裔女生前往牛津大学面试，为了一个实验课题，她与主持人发生了争执。主持人有些愠怒道："你以为这就能说服我吗？不，不！"应试的华裔女生平静地说："当然不一定，因为我还没出生时，你就是心理大夫了——不过，如果没有人来做这个实验，那就永远不会有人知道我和你谁对谁错。"

主持人仍然不依不饶："就凭你那个实验方案？它有10处以上的错误！"华裔女生道："那只能表明它还不成熟；正因为这样，我才向您拜师来了啊！"

主持人愣了一下，又说："你以为我会指导一个反对我的人吗？"华裔女生笑了："我选择这个课题，是因为你在自己的专著里提出了这样一个问题：行为治疗的目的，是为了给饱受痛苦折磨的人一个正常生活的权利——老实说，您书中的其他话我不一定赞同，可这句话却成为我前来求学的动力。"

在一番针锋相对的"较量"之后，主持人不得不对这位东方女性刮目相看，他欣然录取了这位颇有胆识与个性的华裔女生。

10.承受力考察

承受力考察，也可以称作压力考察，主要考察应试者在一定的压力下的心理承受能力。面对压力，应试者若结结巴巴、无言以对或是易怒，那么正好中了面试官的圈套，求职肯定失败。

　　大学毕业生小白接到一家跨国通讯公司的面试通知，很是兴奋，满怀希望地前去面试。负责面试的考官是个30多岁的香港特别行政区人，看上去很精干。他先从桌上拿起一张纸，拎在手里抖得"哗啦哗啦"响，然后有些傲慢地拖起了长腔："这就是你的简历吗？"小白一愣，礼貌地回答："是的。您觉得还有什么需要说明的问题吗？"

　　香港人松开手，让简历飘落到桌上，然后很凶地盯着小白，说："很有问题。你不是上海人吧？不会说上海话，你在上海怎样开展工作？""咦，你也在上海工作，自己还不是大着个舌头，只会说广东腔普通话！"当然这话小白只敢在心里嘀咕，"对了，说不定他是想先给我个下马威，看我扛不扛得住压力呢！"想到这里，小白冷静地回答："上海是个国际大都市，我想会不会说方言应该不会对工作造成实质性的影响。如果工作确实需要，我会马上去学上海话。"

　　香港面试官没有说什么，又拿起小白的简历，看了一会儿，突然问道："你是和母亲住在一起吧？假设现在公司有项紧急任务，但你又接到电话说母亲住院了，你准备怎么办？"小白沉默了一会儿，镇定地说："我想先找个同事帮忙把工作处理一下，然后自己马上赶到医院。如果情况不严重的话，再立刻赶回来。"没想到香港面试官步步紧逼道："工作是没有办法找人代的，你考虑好怎么办了吗？"小白沉默了一会儿，镇定地说道："对不起，我只能先赶回去。事业再重要，也没有生我养我的母亲重要！"

　　一听小白这么说，香港人轻蔑地往椅背上一靠，说道：

"我对你的表现非常失望。"一股怒火在小白的心中滋生，他真想驳对方一句："换了你自己的妈，你怎么办？"但这句话终是没有说出口，毕竟这是面试。小白按下怒气，三言两语答完几个常规问题后便起身告辞。走到门口，小白想了想，回头说："我觉得您今天有一些问题问得不太礼貌。""是吗？你要那么想，我也没办法啦！"香港人歪在椅子上，一边抖腿一边挑衅地盯着他。小白也不想再和他啰嗦，昂首推门而出。

3天之后，小白居然接到了这家公司的录取通知。据说那个香港考官很赞赏小白，因为小白"面对强大的压力"，还"能充分保持冷静和克制"，"是块干客户的好材料"。但对这家公司，小白已经没什么兴趣了。

有些考官喜欢压力面试，在面试开始的时候，劈头浇你一盆冷水，让你在委屈和愤怒中露出本色。在他看来，击溃你的心理防线，才能筛选出真正有心理承受能力的强者，找到能面对劣势和压力的"新鲜血液"。

现在的面试很难预料，压力面试的形式更是多种多样，让人防不胜防。不管怎样，大学生在面试的时候，都要保持镇定，机智灵活地来面对一切挑战。

11.对自信心的考察

做什么事情都要对自己有信心，如果自己都不相信自己，那么注定会失败。因此，很多公司在面试的时候都要对应试者的自信心进行考察。

一家公司在招聘销售员，应聘者很多，经过筛选，30名应聘者进入面试，小张也被列入其中，但却排在最后一位，这

对小张很不利。面试开始了，排在前面的人按顺序进出，有的泰然自若，有的满面春风，有的精神抖擞，有的面无表情……时间一分一秒地过去了，小张心里开始打鼓：万一不等到我面试，人选就定下来怎么办……想着想着，小张灵机一动，从随身携带的笔记本上撕下一页，飞快写下两行字，恳请公司接待小姐马上将纸条交给考官。

纸条上是这样写的："尊敬的考官：我排在第30位，在未对我面试之前，请您千万不要作出最后的决定。一个不会让你浪费宝贵时间的人。"主考官看完纸条后，不动声色地将纸条放进了口袋。面试继续进行。

终于轮到小张了，他充满自信地走进了考场，从容地回答主考官提出的各种问题。几天后，小张接到了录用通知。

和小张相比，小李的经历就显得有些"坎坷"。小李面试的是一家医药公司，在几十个人的面试中，考官面试他人都在10分钟左右，而给小李的时间只有3分钟。因为人选基本上定下来了，考官不想浪费时间，这是小李第一次遇到这种情况。他知道3分钟虽短，但意义重大。在做了言简意赅的自我介绍后，小李说应聘者很多，竞争激烈，自己愿意为公司奉献3个月，目的就是希望有机会展示一下自己的能力。考官说如果三个月里公司只付生活费和交通补助，薪水根据业绩3个月后一次性结算，是否愿意？小李当即答应。3个月里，小李不辞劳苦地联系业务。当一客户得知小李是"无薪上岗"的情况后，当即签下了50万元的业务单子。3个月后，小李共做了80多万元的业务，不仅从公司拿到了3000元工资和4万元业务提成，同时被

提拔为公司销售部主管。

在未面试之前，小张的举动已经给考官留下了深刻的印象，一张小小的纸条，表现出了他的机敏、大胆与自信，这也正是从事营销工作所需要具备的品质。而小李在面试中机会很渺茫、处于劣势的情况下，主动请愿，以"破釜沉舟"的精神获得了考官的信任，之后的努力和所取得的成绩更是赢得了对方的青睐。两个人所表现出的自信、胆识与魄力，都是值得其他面试者学习的地方。

12.对维护领导威信的考察

有一次小冯去一家集团公司应聘行政助理一职，主持面试的人事经理拿出了一张试卷模样的纸，让他在上面的相关栏目里打钩。小冯接过纸一看，上面是一道测试题，题目是这样的：

一天，气象台预报说晚点会刮台风下暴雨，这时老总恰好不在公司，就从外面打电话告诉你说："今天有暴风雨，顶楼有几扇窗户开着还没关，你去关上吧？"后面的答案共有三个："1.好的，我马上就去关；2.我已经把那几扇窗户关好了；3.值班经理已告诉我，让我关好了。"

小冯想都没想就在第二个答案的后面画上了钩。小冯觉得，能为上司分忧的下属才是好下属。下属想到了上司想到的问题，解决了上司想解决的问题，不就是为上司分忧了吗？人事经理拿着那张纸进了办公室。隔了好一会儿，才从办公室里走了出来，有些遗憾地对小冯说："不好意思，敝公司的行政经理看了你的测试卷后，认为你的心理素质不太适合作助

理。"

小冯怎么也没有想到结果会是这样，直到走出该公司大门，仍想不通自己到底错在哪里。仅仅凭在一张破纸上打个勾，就说他心理素质不配作行政助理？过了两天，小冯终于忍不住拨通了那位人事经理的电话，想问个清楚，自己到底错在什么地方。那位人事经理没有避讳什么，很直接地就告诉了小冯："小伙子，你应聘的是助理一职，你错就错在太主观了，你的测试答案没有突出老总。换句话说，老板刚想到的问题你早就做好了，这岂不说明你比老板还聪明。你想一想，老板会高兴吗？""那我应该选择哪个答案才对呢？"小冯接着问道。"应该说：'好的，我马上就去关。'""要是我确实已关好了窗子呢？""也要这样回答，因为这样才能突显出领导的远见和重要性，才会让老板觉得自己确实想得周到，确实聪明，劲头就会更足。你是助理嘛！你的职责就是协助你的上司，在他背后默默无闻地工作，不能喧宾夺主。"

13.对维护企业形象的考察

一家公司要招聘一名高级财务主管，竞争异常激烈。招聘考试的现场，汇集了前来应聘的各路精英，大家做好了充分的心理准备。

公司副总走进考场，在每个人面前放下一个苹果、一些指甲大的商标和一把水果刀。他要求考生们在10分钟内对面前的苹果作出处理，然后交上考试答案。

每个考生都注意到面前的苹果布满了溃烂的斑点。副总说，苹果代表公司形象。至于如何处理，却没有作出要求。10

分钟后，所有考生都交上了"考卷"。

几分钟后，副总满面春风地走出来，首先向大家作了解释：在10分钟之内完成招聘，速度之快，真正体现了公司的办事效率。之所以没有考察精深的专业知识，是因为专业知识可以在今后的实践中用漫长的一生来学习。谁更精深，不能在这一瞬间作出判定。我们注重的是，面对复杂事物的反应和处理能力。我之所以没有告诉大家如何去做，是因为任何新的事物出现在你面前时，都没有人会告诉你如何去正确地应付。

切入正题，大家惴惴不安地等待着副总宣布结果。副总拿起第一批苹果，这些苹果完好无损，只是在溃烂处被新贴上的标签所遮盖。他说，任何公司的缺点和错误是在所难免的，就像苹果上的斑点，用商标把它遮住，这种做法是对的。但是，虽然遮住了错误，维护了形象，但却没有更正错误。一个小小的错误甚至会引发整体的溃烂。第一批自然被淘汰了。

之后副总拿起第二批苹果。这些苹果的斑点，被水果刀剜去了；商标很随便地贴在各处。副总继续说，剜去溃烂处，这种做法是正确的！可是这样一剜，形象却被破坏了。而形象和公众的信誉度是公司发展的生命，这一点也不能不考虑！这类应聘者可能认为更正了错误就万事大吉了，没考虑到公司在市场经营中对形象和信誉度要求的特殊性。对第二批副总惋惜地说，这离成功只有一步了。

最终的结果呼之欲出。副总的手中只剩下两个苹果。只见这两个苹果的溃烂处，都小心翼翼地被剜去。而在被剜去的缺口处，又完好无损地贴上了商标。这既更正了错误，又维护

了形象！副总很满意。可是，在剩下的两个苹果中，副总又很难作取舍。副总从两个苹果上各揭下了一个商标，眼睛为之一亮，有了最终答案！一枚商标上工工整整地写下了应聘者的名字。副总显得异常兴奋，连连说：应该这样！应该这样！改正公司的错误，往往个人要承担一定的风险，承担由此带来的好的或坏的结果，一个优秀的员工要有勇气承担责任！

最后，副总拿起那枚写有名字的商标，站起身来，向那名应聘者表示祝贺，并告诉他："您的名字也将很快写在公司员工的名录上！"随即，考场响起了心悦诚服的掌声。

14.对细节的考察

用人单位为了考察求职者的某种能力，经常暗中进行测试，这种情况已经是司空见惯。而对于细节的考察，更是许多公司关注的地方。

经过前两轮面试考核，1000多名竞争者现在只剩下十来名了。据小道消息，公司只录取前5名。虽然剩下来的人中有好几个都是研究生，但尹海这个本科生依然满怀信心，因为不论是学业成绩还是工作经验，尹海在这些竞争者中都是相当出色的。

尹海胸有成竹地敲开了面试老总的房间，很有礼貌地跟老总打了个招呼，然后自然地把手套放在门边的柜子上，微笑着走了过去。

待尹海坐定之后，面试开始。对老总的提问，尹海对答如流，老总连连点头。在轻松愉悦的氛围中，尹海发挥得更加自如，一切进展比想象中还要顺利。老总带着微笑说："小尹，

我希望你早些了解公司的情况，尽快投入工作。明天会通知你录用情况的。"说完，微笑着目送尹海走出办公室。

尹海心里很清楚，知道这份工作肯定是没问题了，心中暗自高兴。可是，走着走着，他突然感觉拿简历的手有点凉，原来是没有戴手套。手套放哪儿去了？哦，想起来了，原来是忘在老总房间里了。是回去取，还是算了呢？回去取吧，显得有些不太好，可是要是不取，这零下10多度的气温，自己的手实在难以承受，而且，那可是女友给买的手套啊！经过反复的思想斗争，尹海最后还是决定取回那双精致的手套。当尹海鼓足勇气敲响办公室的门，拿回自己的手套准备告辞时，老总的脸色有些阴沉。

第二天，他没有接到录用电话。

尹海不死心，打电话到老总那里询问。老总说："小尹，你的确很优秀，电子专业课程学得也很好，而且还搞过实际设计。我本来已经选定了你，但没想到你却是个丢三落四的人。我们招的人将从事电子电路的设计工作，出不得半点差错。以前就是因为一个设计师的粗心，差点断送了整个公司的前程……"

因为忘记了手套，而丢掉了一份工作，实在是因小失大。相反有的人就是因为注意细节，而赢得了工作机会。

北京一所高校的几个外贸专业的毕业生在一家大型的外贸公司实习。实习结束的时候，公司把一个叫小辉的同学留了下来。原来，是因为这个小伙子的几个特别的细节之处打动了该公司。实习的第一天，部门经理向同学们介绍了部门的成员和

同学们的分工。小辉被分配到老陈手下，协助老陈工作。老陈是公司的老业务员了，年龄偏大。其他的同学都跟着员工称呼他为"老陈"，而小辉一直很尊敬地称呼他为"陈老师"。

此外，小辉不像其他同学那样分配一件事做一件事，他做事积极主动，认真仔细。到银行和商检交单，到海关报验、办理登记手册，即使在大热天乘公共汽车去也毫无怨言。他说："我多跑一个地方，哪怕只是一个简单的交接单的过程，也会让我熟悉这个工作的环节。出了差错，请示老师后，现场改正也是一种学习的机会。"

有好几次，老陈接国际长途，小王就默默地坐在一边"旁听"，细心地揣摩他如何同外商交谈。有时则悄悄地给老陈递一支笔，或续上水，或记录一些数据。这些细小之处，既给老陈带来了工作上的便利，也表现出新人对"前辈"的尊重。部门经理和其他同事看在眼里，都很欣赏这个小伙子。

小辉刚一毕业，部门经理就委托公司人事部为他办好了手续，从而使他顺利地完成了"实习——毕业——求职"三级跳。

15.对诚信的考察

北京某大学经济管理专业毕业生小张到一家比较大的公司去面试，面试的考官和小张面对面坐着，中间是一张小圆桌子。在面试进行到一半的时候，突然有人进来对面试官说：老总找您去一下，有急事商量。考官于是顺手将考题放在桌子上，起身走了，留下小张一个人在旁边等着。大约过了四五分钟，考官回来了，发现自己由于匆忙将考题忘在了桌子上，便

问小张是否看了考题。小张回答道："你匆忙离开，考题就放在桌子上，我肯定能看清楚。你下面要问的问题我都知道，请您还是重新问别的问题吧。"考官看着小张笑着说："不用考了，你已经被录取了。"

后来，小张才知道，那是考官布好的一个局，他在隔壁房间观察小张的一举一动。由于小张实事求是，态度坦诚，所以得到了用人单位的认可。

还有一个类似的例子：某公司招聘总经理助理，由总经理亲自面试。应聘者小舒来到总经理办公室。总经理一见到小舒就说："咱们好像在一次研讨会上见过吧？我还读过你的文章，很赞同你所提出的关于市场拓展的观点。"小舒一愣，知道总经理认错人了。马上站起来说："总经理，对不起！我想您是认错人了。我从来没有参加过那样的研讨会，也没有提出过什么市场拓展的观点。"总经理一听，笑了，说道："小伙子，你人很坦诚，我们要的就是你这样的人，你被录用了。"

诚信是很多用人单位在招聘新人时考虑的首要问题，当然也是做人的根本。拥有诚信，是获得工作的一个重要砝码，也是拥有成功人生的重要条件。

第六节　　把握机会不放弃

在生命的旅程中，很多时候都会布满阴霾。但只要你咬牙坚持，并抱着积极的心态不断去尝试，那你的前途很可能就会晴空万里。人生在世，挫折是在所难免的，碰壁之事常伴左右。在找工作的时候，遭遇失败是很正常的，这时候，就需要调整好心态，把握每一次机会，争取表现最好的自己，获得面试的成功。

琦琦是去年毕业的专科生，在本科生都很难找到好工作的严峻就业形式下，她却很幸运地被一家跨国公司相中，担任该公司的文秘工作。很多人都觉得是她幸运，实际上她的好心态才是她成功的真正原因。

当琦琦看到那家跨国公司开始在媒体上大肆做招聘广告的时候，就有点怦然心动。跟每一个大学刚毕业的女孩子一样，跨国公司的写字楼，是琦琦梦寐以求的工作场所。看过招聘启事后，琦琦觉得自己的条件还算符合，只是有一条没有达到要求：没有取得英语四级证书。

　　琦琦抱着试试看的心态来到了招聘的现场。虽然招聘启事上声明只需要两名文员，但在那家公司门前等候面试的人差不多有300多人。因为人多，工作人员大声要求求职者先对照自己的条件，由于他们时间、人力有限，如果不符合招聘条件就不要进入。话音一落，就有一些不符合条件的人自觉地离开了现场。

　　工作人员依旧不放心，挨个儿检查应聘者的证件和简历。这时琦琦有些担心，万一被查出来就要走人，连一个获得面试的机会也没有了，所以她刻意地回避检查人员的目光。由于人数众多和工作人员的疏忽，"拦截无英语四级证书及各类证书"的第一关居然被她"蒙混"过去了，就这样她意外地获得了一个见人事经理的机会。

　　琦琦被排在第129号，她想：虽然结果很可能被淘汰，但得到一次这样的大公司的面试机会也是有益的，于是默默地为自己打气。抱着一种破釜沉舟的心态对自己说，重在参与！

　　终于轮到琦琦了，面试的是一个外籍总经理。他见到琦琦的第一句话就是："小姐，让我看看你的英语证书！"琦琦愣了一下，然后向总经理坦言，她还没有取得英语四级。等琦琦说完，总经理盯着她看了一会儿，然后大声叫工作人员过来。琦琦想：总经理一定是要责怪工作人员的疏忽，让她滥竽充数地进了面试办公室。

　　这个时候，已经容不得琦琦再考虑什么了，她礼貌地用英语对总经理说："虽然我还没有取得英语四级证书，但如你看到的，我能用英语和外籍人员进行流利的对话。同时我也在积

极学习英语，平时也经常看英语原声电影和节目，口头表达能力不会比别人差。我想你需要的是一位能干的员工，而不是一张证书。"

当琦琦一气呵成地用英语说出这段话的时候，感到从未有过的轻松。几秒钟后，外籍总经理的脸上绽放出笑容，他站起来，向琦琦伸出手，用汉语对她说："不错，你表现得很勇敢，虽然你是今天唯一没有英语等级证书的应聘者，但恭喜你，你可以优先进入下一轮的面试了！"

经过以后几轮的面试，琦琦的表现得到了公司的认可，出乎意料地进入了该公司，这也是琦琦自己当初所没有想到的。良好的心态及优秀的英语口语表达能力成为此次琦琦面试成功的主要因素，同时善于把握机会也是她制胜的关键。

在面试的时候，如何让自己所学的知识及个人表述能力得到用人单位的认可也是非常重要的。在任何时候都应该有勇气给自己创造机会，而恰恰是这一点被很多人忽视了。

当小峰看到那家中韩合资公司在报纸上做招聘广告时，就有些蠢蠢欲动了。听朋友说那家公司赫赫有名，而公司的老板，也是以苛刻严谨出名的。在小峰出发之前，他对自己并没有足够的信心，因为比照招聘启事上的要求，他觉得自己还有诸多不完美的地方。不过名企的诱惑，还是让小峰毅然来到了公司的面试现场。

名企的诱惑确实很大，虽然招聘的只有几个职位，却迎来了200多位求职者。本来就有些紧张再加上求职的人数众多，所以小峰感觉求职的过程特别漫长。他盯着人事部那道暗红色

的门，望着一张张走出来的垂头丧气的脸，估计都是求职失败了。小峰问了几个求职者，他们有的告诉小峰莫名其妙就被拒绝了，有的说自己被"无条件拒绝"了。

终于轮到小峰了，他心底忐忑不安，轻轻敲开那道暗红色的门，心中暗自对自己说：豁出去了，说不定幸运就会降临到自己的身上呢。小峰坐在事先安排好的凳子上，对面是人事部经理和韩籍老总。

人事部经理很年轻，热情而细致地询问了小峰的情况，这让小峰感到一阵的暖意，同时也平静了很多。当人事部经理得知小峰的兴趣是文学，而且有多篇作品发表时，他有些惊讶。随着话题的深入，人事部经理对小峰的好感大增，还鼓励他说了一些对公司的建议。

气氛非常轻松，小峰觉得自己稳操胜券了。人事部经理扭头问一边的韩籍老总，是否可以当即决定留用他。谁知道，韩籍老总想都没想，便一脸严肃地说："不要！"人事部经理礼貌地向小峰摆摆手，眼里有一丝遗憾。小峰不知道被拒绝的原因，而他也不想莫名其妙地失去机会，于是，礼貌地询问老总他被弃用的原因。韩籍老总说："我拒绝别人从来是无条件的！"听到这样的回复，小峰确实很生气，于是反驳道："我是慕贵公司的名来应聘的，不是来参加无聊的游戏的。您的无条件拒绝对求职者是一种伤害，给出您拒绝的理由很难吗？"说完这些，他预备告辞，却意外地看到韩籍老总站起身，脸上还露出了笑容。韩籍老总说："我们需要的是有骨气、有恒心的青年，如果被无条件拒绝时仍然不吱声，那不是我们所需要

的青年才俊。我已经对100多名求职者说了'不'，只有你向我示威，只有你向我们追问理由。这只是我的面试策略，请原谅！你愿意加入我们公司吗？"迈过"无条件拒绝"这道坎，小峰终于成功地加入了梦寐以求的公司，开始了自己人生的新篇章。

有时候，你会遇到那份你羡慕许久的工作，你为此精心地准备简历，认真地参加面试，但最后的结果可能让你很失望，你还是落选了。这时候，你也许会自责，甚至是自卑，失落占据了你的内心，绝望夺走了你的自信，你感到世界在顷刻之间坍塌，好像世界末日就要来临一样。其实，大可不必如此。在找工作这件事情上，一定要有好的心态。不管是在面试的过程中，还是在面试结束后，都要调整好自己的心态。

一个大学毕业生到北京求职，在奔波了一个星期后，毫无收获，而且糟糕的是在乘公交车时，他的钱包被偷，钱和身份证都没有了。在受冻挨饿了两天后，他决定开始捡垃圾——虽然受白眼，但至少能够解决吃饭问题。而且他相信通过自己的努力一定会找到工作，苦难只是暂时的。

有一天，当他正低头捡垃圾时，忽然觉得背后有人注视自己。回头一看，发现有个中年人站在他背后。中年人询问了他的一些情况之后，拿出一张名片对他说："这家公司正在招聘，你可以去试试。"

米到面试大厅，有五六十个人正在等待面试，其中很多人都西装革履，他有点儿自惭形秽，想退下来，但最终还是等在了那里。当他一递上名片，小姐就伸出手来："恭喜你，你已

经被录取了。这是我们总经理的名片，他曾吩咐，有个青年会拿着名片来应聘，只要他来了，就成为我们公司的一员！"就这样，没有经过任何面试，他进入了这家公司。后来，由于个人努力，他还成了副总经理。"你为什么会选择我？"闲聊时他都会问总经理这个问题。"因为我会看相，知道你是栋梁之材。"每次，总经理都神秘兮兮地一笑。

转眼他来到公司已经两年了，公司业务越做越大，总经理要去另外一个城市进行投资。临走时，将这个城市的所有业务都委托给了他。送行那天，他和总经理在候机贵宾室里面对面坐着。"你肯定一直都很想知道，我为什么会选择你。那次我偶然看见你在拾垃圾，就开始观察你，你每次都把有用的东西拣出来，将剩下的垃圾归好类再放回垃圾箱。当时我想，如果一个人在这样不利的环境下还能够注意到这种细节，那么无论他是什么学历、什么背景，我都应该给他一个机会。而且一个大学生因为生活所迫肯去捡垃圾，并把捡垃圾这种小事做得一丝不苟，说明他的心态好，有决心和毅力，这样的人做其他的事情不可能不成功。"

无论什么时候都不能放弃自己，要坚信自己的力量，要相信通过自己的努力一定会找到适合自己的好工作。有这种好心态，相信你一定会获得成功的。

读后讨论题

（1）面试前应该做些什么准备？

（2）面试的技巧都知道了吗？请简略地记下来。

第四章 关于试用期

WISDOM

第一节　五大禁忌

对于刚刚走上工作岗位开始工作的大学生而言，"试用期"是一个起步的阶段，也是一个打基础的过程。它不仅影响你在这家单位的职业道路走向，甚至也影响着你的职业生涯。

"试用期"是指你在该单位寻找、磨合、塑造和确立相对稳固的"位置"的过程，也是你和单位互相考察的过程。处于试用期的你还没有真正融入单位，单位里还没有真正被认可的属于你的"位置"。而且单位里没有人真正认识你，也许一部分人都没把你当回事，还有一部分人对你保持警惕，更有人等着看你的笑话或是寻机对你实施打击。那些理解你、同情你，甚至支持你的人能否出现，你能否保住这份工作，除了好运的眷顾外，就要看你的努力了。

试用期间，单位多用审视的眼光和怀疑的心态来面对新人。单位对新人的一言一行特别敏感，即使是无关痛痒的小错，也会引发单位对你能力、心态和个性等方面的联想，尤其是负面的联想。新人在单位的局面就像如履薄冰、如临深渊，

踏错一步都将铸成大错。因此，特别要注意自己的一言一行。下面是一些建议，可作为参考。

一、忌夸夸其谈

毕业生刚开始走向工作岗位，可能比前辈有着更新的知识背景结构，对事物有着更新的看法，但多处于纸上谈兵阶段，没有实战经验。单位招聘新人，目的是为单位干活，并不是听人说教，脚踏实地地干出成绩才是最重要的。

小黄大学毕业后，进入一家私营企业。他是学市场营销的，人也机灵，满脑子新观念、新理论。当初面试的时候，这家企业的老总也正看好他这点，希望他给企业注入新活力，带来新思想。

刚到单位，小黄虽然还是个新人，但他却开始了他的"传道授业"。试用期间，凡他参加的会议、讨论、策划等活动，都少不了他头头是道、滔滔不绝的演讲。

开始的时候，同事们还真觉得小黄知道得很多。慢慢接触后发现，小黄的本事似乎就在嘴上。在公司对产品进行营销时，如何把小黄说的新方法用上，他从来没提过。

试用期结束的时候，人事部对小黄进行考核。这一个月内，他一份完整的方案、计划都没有拿出来过，没有一条意见和建议被真正采纳。结果，小黄成绩不合格，企业与他解除了合同。

小黄犯了大学生在工作初期最容易犯的错误——夸夸其谈，只说不做。他们比前辈有着更新的知识结构和背景，有着更新的理念，但没有实战经验。这就造成他们常夸夸其谈，眼

高手低，这是职场中的大忌。

与其相反，还有些人不喜欢说，只知道做事。在职场中，不能只说不做，也不能只干不说，这两种做法都是不对的。有不少大学生都知道在试用期内不要锋芒毕露，他们以为自己闭嘴，按老板说的做就可以了。殊不知，过于沉闷的表现也会招来反感，老板引进新人，大多希望新人有些想法，提点有创意的点子。记住：高谈阔论是不合适的，但适时地表现自己却是非常必要的。下面的案例就正好说明了这一点。

和小黄的夸夸其谈相反，小张是个很少说话，只知道埋头苦干的人。生性内向的他，本来话就不多，试用期间，在单位更是三缄其口。每天，他早早地去上班，晚上，又自觉加班到深夜，全身心地投入工作。主管说什么，他立即执行。老板说什么，他二话不说就去做。给人的感觉就是一台只知道工作的机器。

3个月的试用期结束后，小张并没有因为自己的苦干而顺利度过试用期。相反，企业却与他解除了合同。人事经理告诉他，他工作的积极和认真并没有得到主管的认可。主管认为他想法太少，做了什么事，作为主管都不清楚，更不用说团队的其他成员了。他的埋头苦干却成了自己求职路上的绊脚石。

在工作中，有很多知识是在学校和书本上学不到的。工作需要的也正是实践经验。所以要想进步，就要熟悉"圈子"里的人和事，不要多嘴，以免惹人厌烦。最好是多听、多看，时刻保持谦虚的态度，多向同事学习业务知识，多学习同事身上的好品质。你可以主动与感觉比较友好的同事接触，一块儿聊

聊天，增进彼此的了解，从而更便于向他们学习。另外，即使上级并不过问你的工作情况，你也要把自己的工作情况及时向上级汇报。因为上级不可能在试用期内整天跟着你，所以很多时候，需要直接向上级汇报成绩，及时和上司沟通、交流，这对未来工作的开展是很有帮助的。

二、忌自作主张

大学生刚刚从大学校园走向工作岗位，还保留着在大学里的那种处事风格。遇到问题总是迫不及待地把自己的创新想法说出来，希望得到大家的认可，这样就会给周围的人一种好大喜功、喜欢张扬的印象，不利于自己今后的发展。要知道，真正有能力的人体现在做事情上，而不是在说话上，工作业绩才是最好的证明。初涉职场，最好能找到职场中的良师益友，他们具有良好的业务能力和为人处世的能力，对领导者的决策也会产生一定的影响。在他们的指导下，你将会受益匪浅。

比如，你刚到一家比较知名的媒介企划公司，公司看中了你在大学期间的兼职工作经历，于是很快交给你一项比较重要的媒介企划案，此时你该如何做？有些新员工可能就会不知所措阵脚大乱，产生一种从未有过的内在恐惧感，但是又不敢告诉领导，害怕暴露自己的浅薄和无能，最终硬着头皮连天加夜地干，结果是可以想象的。

失败，对于任何人来说都是一种打击。对于新手来说，不仅是打击，更会造成难以抹去的心理阴影。为了避免失败的发生，一个人就要有"站在别人肩膀上"的意识。在你接到这个企划案之后，首先要做的就是通览背景资料，做到心中有数，

然后就是找公司里精通媒介企划的高手，向他请教，请他们提出建议，尽量获得他们的帮助。同时还要和有关同事进行沟通，最后到你的上司领导那里交流你从同事那里总结的企划思想，获得领导的支持和指导，撰写企划案。相信，经过这种种努力，你一定会出色地完成这个任务。

三、忌不懂装懂

大学毕业生是职场新人，没有工作经验，在工作中遇到不懂的地方是很正常的事情，这个时候就要"不耻下问"，不要"不懂装懂"。

小英是河北人，因为男朋友在北京工作，所以也跟着过来"打工"。学会计的她在北京找了一家货运代理公司的财务工作。小英上学的时候成绩就很不错，做事也很认真，因此她一进公司就受到了重用，先是在深圳总部培训了一个星期，试用期不到一个月就开始负责北京分公司的全部财务工作。因为小英刚参加工作，有很多的事情还都不了解。而且会计这项工作，其实际操作内容跟书本差距很大，虽然工作已经有两个星期了，小英还是有很多问题不懂。

刚开始的时候，小英不好意思问，担心别人看不起她，觉得自己笨。但教她业务的张姐告诉她，不懂要问，做财务如果出了错，后果可就不堪设想了。小英觉得这句话很对，于是她一直铭记在心。遇到不懂的问题，就向其他有经验的人请教，而且每天拿出一定的时间来充电。虽然很累，但小英觉得这是学习的好机会，也是自己的一个成长过程。

因为小英的努力和认真负责的态度，3个月过后，小英顺

利地度过了试用期，正式成为公司的一名员工。

小周是学建筑的，去年刚刚毕业。毕业时他很顺利地在建筑公司找到了一份工作，虽然公司有意栽培他，不过刚从校园踏入工地工作的他还是显得有些无所适从。刚开始工作那几天，不知道自己该干什么，后来工地的工程负责人就告诉他让他看图纸，到工地上跟民工一起体验生活，不懂再问。

走进工地，小周开始向民工学习实践经验。他知道，实际操作能力不强的他必须认真学习才能取得最大进步，工地上可以学到许多课本上学不到的知识。

那是8月份的天气，很热，但小周仍旧坚持每天7点多就到工地工作，星期六、星期天也和民工一样不休息。晚上有时还要加班，小周从未抱怨过，觉得这是锻炼自己的机会。

不知不觉中试用期过了将近一个月，小周仍然保持最初的工作热情。他决定用半个月的时间了解整个工程的工作流程，打好实践基础后再培养自己的管理水平，3～5年成为一名出色的工程师。

初涉职场的大学生没有什么工作经验，遇到不懂的问题是很正常的，这时候就要多向前辈学习，不懂就问，这样不仅可以避免犯错误，还可以使自己在职场快速成长。

四、忌抱怨、发牢骚

有些人刚开始工作时充满激情，对自己抱有很高的期望值，可是一旦在工作中遇到困难或是遭遇挫折与不公正待遇的时候，往往就会产生不满并开始发牢骚、抱怨，希望以此引起更多人的同情，吸引别人的注意力。其实，这是一种正常的心

理自卫行为。但这种行为会削弱员工的责任心，降低员工的工作积极性，在团队中造成不好的影响，所以如果让老板发现，将会对自己产生极为恶劣的影响。

大学生在刚开始工作的时候，容易犯自命清高、眼高手低的错误。他们总对自己抱有很高的期望，认为凭借自己的学识和才干，应该从事些体面的工作，并得到足够的重视。但事实上刚刚跨入社会的年轻人，由于缺乏工作经验，无法被委以重任，工作自然也不是他们所想象的那样体面。

因此，当老板要求他们去做基础性的工作时，他们就开始抱怨起来："为什么让我做这种活而不是别人？我来这工作不是要做这种活的。"抱着这种态度，对工作也就丧失了起码的责任心，不愿意投入全部的力量，敷衍了事，得过且过，结果工作做得并不好。长此以往，不仅养成了抱怨和批评的恶习，而且也埋没了自己的才华和智慧，在工作中没有得到任何的锻炼。因此，一个人一旦被抱怨束缚，不尽心尽力，应付工作，在任何单位里都是会自毁前程的。

丁力是一家汽车修理厂的修理工，刚开始工作的时候，他就开始喋喋不休地抱怨："修理这活太脏了，瞧瞧我身上弄的。真累呀，我简直讨厌死这份工作了……"每天，丁力都在抱怨和不满的情绪中度过。他认为工作对自己来说就是煎熬，自己就像是个奴隶在不停地卖苦力。所以，丁力总是关注着师傅的行动，一有空隙，他便偷懒耍滑，应付手中的工作。

转眼3个月试用期过去了，当时与丁力一起进厂的工友，各自凭着精湛的手艺，得到了老板的重用，有的升迁，有的被

公司送进大学进修，而丁力，则在抱怨声中继续着自己的修理工作。

在工作中，有一些人虽然受过很好的教育，并且也有能力，但在公司里却长期得不到升迁，主要原因就是因为他们不愿意自我反省，总是对工作抱怨不止。这一现象，在一些刚走出校园进入社会的人身上尤为突出。一些大学生刚参加工作，就对工作环境不满意，喜欢和同事抱怨、发牢骚，结果还没有过试用期，就被老板辞退了。假设你是一个司机，在开车的时候总不停地抱怨：这车怎么这么破，车上的环境太差了，路也不好走。这时，你想还会开好车吗？会一路顺风吗？

在生活中，有许多失业的人，你会发现其中不乏许多才华横溢者。当你和这些失业者交流时，你会发现，这些人对原有工作充满了抱怨、不满和谴责。有的是怪环境条件不够好；有的是怪老板有眼无珠，不识才；有的是怪工作太累，而工资却很低，总之，牢骚一大堆，积怨满天飞。其实，这些抱怨中有些问题是事实，但是还有很多是从业者自己吹毛求疵，这种恶习使他们丢失了责任感和使命感，总是关注环境中对自己不利的方面，从而使自己发展的道路越走越窄。

他们经常感到自己被老板盘剥，替老板卖命，是老板赚钱的工具，因而在思想上产生了严重的抵触情绪，没有认真完成上级交给的工作，把大好的光阴和大把精力，花在了抱怨上。没有十全十美的人，也没有十全十美的工作。抱怨是失败的一个借口，是逃避责任的理由，是事业成功的绊脚石。喜欢抱怨的人没有胸怀，很难成就大业。没有人会因为喋喋不休的抱怨

而获得奖励和提升，更没有人会因为永无休止的抱怨而获得成功。

如果你选择了某个工作，就必须认真对待自己的工作，明确自己在工作中应负的责任，并为此而不断地努力。只有这样，你才能达到改善的目的，享受到成功的果实。这就好像你正住在一间简陋的破屋里，心中梦想着宽大而明亮的房屋。要实现这个梦想，你首先就必须从努力工作做起，一点一滴地积累财富，为了自己的目标而不断地努力。

五、忌随随便便

老板常常会说："大家一起共事就是一家人了！"以公司为家是老板建立团队精神的一种策略。事实上，职场规则无处不在，哪能真像家里那么随心所欲？

国有国法，家有家规，公司也有公司的规则，切勿任性行事。职场规则有成文的，也有未成文的，需要你自己去摸索和了解。一旦你鲁莽轻率行事，忽视规则的存在，就要为自己的行为买单，严重的甚至影响到你的事业和前程。

前几天，一位大学同学向我讲起她们公司的一位新员工。这位新员工，第一天进公司，就毫不介意地对身边的同事说："哎，电脑借给我用一下！"还没等同事作出回答，就把电脑抢过去使用了，同事看着她这一举动长久无语。隔了几天，这位新员工又擅自使用别人的洗面奶等化妆品，被同事看见后，同事生气地质问她："你怎么可以随便用别人的东西？"可是这位新人竟然一点没有羞耻感，理直气壮地回答："我以为是公用的，就使用了。"同事听后，气的是一肚子火。从此以

后，同事们的物品上都贴好名字，免得私有物品再被当作公用品使用。也是自从这件事情之后，公司没有一个同事愿意跟这位新员工主动说话。

过了没多久，这位新人自己也感觉到气氛异样，很自觉地申请了辞职，理由是不适合该岗位，但实际原因大家都很清楚。

这位新人把公司当成了自己家，对他人没有礼貌，很难让人接受。如果她不改掉这个坏毛病，恐怕在哪个公司都待不长。

不管是在生活中还是在职场中，人与人交往都要与人为善，都要学会尊重他人。而且无论走到哪里，都应该有最起码的礼仪，讲礼貌是儿时就被教育的，怎么长大后反而忘记了呢？想要人际关系如鱼得水，就不可能所有事情都以自己为中心，凡事要多考虑到别人的立场。

此外，人和人之间的关系错综复杂，一个单位里的员工有的是多年的老同事或老同学，有的可能是亲戚关系，他们之间既有利益冲突，也有长期的感情基础，真真假假，难辨真伪。新人初到一个单位最好不要贸然介入矛盾当中。有时你可能听见一个老员工在对另一个骂骂咧咧，其实他们可能私交非常好，所以还是保持谨慎一些较好。

第二节　八项注意

处于试用期的职场新人有很多需要注意的地方，下面的八项注意事项对初涉职场的大学生来说或许会有所帮助。八项注意分别是：要有饱满的工作热情；善于观察思考；愿意吃苦耐劳；不忽视琐碎工作；不忽视小错误；工作中不断学习；工作遇挫，勿以跳槽为对策；怀有一颗感恩之心。

一、饱满的工作热情是一种难能可贵的品质

每一个初涉职场的人都满怀激情和梦想，像一团熊熊烈火，但是，这种工作热情可能会被种种急风暴雨所浇灭。

如何将短暂的工作新鲜感转化成持久的工作热情和动力？这需要一种由内而外的真正热情。只有发自内心的热爱，才能保证你渐渐地适应了工作氛围之后，仍能保持热情，不会觉得工作乏善可陈。

1.要干一行，爱一行。你要主动地在工作中寻找乐趣，而不是被动地应付工作。工作不是娱乐，可能会枯燥，也可能会繁重；只有学会找到其中的乐趣，才能使你保持足够的热情。

2.要为自己精心设计职业规划，有近期目标，也要有长远目标，以便从中找到更多的成就感。只要燃起心中的热情，一切都会好起来。

二、善于观察、思考是新人必备的能力

对于新人来说，既要积极、热情地工作，又要冷静、细致地观察、思考。每个公司都有自己的企业文化和规章制度。你刚刚加入一个公司时，通过《员工手册》所看到的只是冰山一角，在没有完全熟悉之前，必须认真观察、思考，使自己真正融入其中。

1.要养成观察、思考的习惯，随时随地注意细心观察周围同事的喜好以及工作方式。

2.当你仔细观察之后，就要想想他们为什么要这样做，而不是那样做？同时，你还要思考一下，我该怎么做？

三、吃苦耐劳是企业与个人双赢的基础

在这个讲求享乐的时代里，吃苦耐劳仍然是走向成功所必备的美德，它不仅对于老板们来说是宝贵的，对于一个新人的成长更有着巨大的推动作用。吃苦耐劳会帮你逢山开路、遇水搭桥，迎刃而解一些难题。

你的吃苦耐劳带给老板的是业绩的提升和利润的增长，带给你的是宝贵的知识、技能、经验的累积和成长发展的机会，当然，随着机会到来的还有财富。实际上，在吃苦耐劳中你和老板获得了双赢。

1.吃苦耐劳要有目标性、选择性，不能盲目地做没必要的事，不能为吃苦而吃苦。

2.吃苦耐劳不是一朝一夕的，不能一时兴趣，而要能够坚持到底。同时，不要为急于求成而吃苦耐劳，应该将目光放长远一些。

四、琐碎工作也不容忽视

古罗马的一位演说家说："手工劳动都是卑贱的职业。"从此，罗马的辉煌就成了过眼云烟。而令人惋惜的是，历史给予人们如此深刻的警示，现代职场中，这一现象在一些刚走出校门的新人身上仍得以延续：对现有工作不满，不能投入全部的精力；敷衍了事，在得过且过的心态下，将工作做得粗制滥造，把大部分心思用在如何摆脱目前的工作之上。敷衍了事的工作态度令他们轻视琐碎的工作，不甘平庸的工作和生活，但这种心态却使他们永远也走不出平庸的工作模式，因为没有哪一个老板会赏识一个不注意细节的人、不认真工作的人。

1.不要小看琐碎的工作，要把琐碎的工作当作大事来做，要乐此不疲，甘之如饴。

2.琐碎的工作同样具有挑战性，可以锻炼你的条理性、灵敏度。而且不断地重复做好小事，会养成好习惯，而好的工作习惯会引领你走向成功。

五、小毛病容易出现大纰漏

不因恶小而为之，不因善小而不为。这其实也是我们做人的准则。作为一个新人，理智的老板会在一旁不动声色地从细微之处观察评判你，也许你在大事情人原则的问题上处理得无懈可击，可诸多不良习惯留给老板的印象会比你想象中严重得多。

一些看似微不足道的小毛病，往往会演变为职业生涯的致命杀手。比如，你有可能因为迟到而错过一次重要的商业谈判，甚至是一份巨额的签单。不防微杜渐的话，这些小毛病会酿成大错。

克服小毛病的要点是：

1.要善于发现自身的毛病，切勿视而不见。

2.克服小毛病要及时，并要坚持不懈，持之以恒。

六、工作还要充电，创新源于新知

对于新人，老板一般很看重他们能否给公司带来活力，因为这样的新人很少受传统思想的影响，更容易提出和接受新的经营观念，很多传统的老观念都需要他们来更新。据调查，一般行业的知识更新时间大致为 5 年，而IT行业的知识更新仅为 1 ~ 2 年。

职场专家介绍，很多老板由于自己年龄过大，学习能力减弱，就会很看重新生人才的学习能力和学习精神。

七、工作遇挫，勿以跳槽为对策

新人抱着远大的理想进入职场，现实中的一切似乎都在颠覆着他们的无穷想象。那些美丽的泡沫瞬间破灭，接踵而来的是烦琐、重复或者看起来毫不起眼的日常工作。新人在工作中，往往还会遇到新的矛盾和挑战，甚至会受一些委屈和折磨。在这种情况下，很多新人往往会想到跳槽。打消跳槽念头的要点是：

1.别的工作岗位并不像你想象的那么好，他们自有他们不尽如人意的地方。为什么别人能克服困难，而你却要不战而

逃？

2.在现有工作岗位上踏踏实实地做，不断地去解决问题，你将会发现公司并不像你想象的那么恐怖，你的承受能力、办事能力也会因此提升很多。

八、怀有一颗感恩的心

新人怀揣着简历、毕业证，疲惫地四处奔波，过五关斩六将才很不容易赢得一个职位。当新人初涉职场之时，最初会有得意之情、感激之心，但是，工作一段时间之后，你可能会发现自己获得的工作并不是想象中的"香饽饽"，而只是一份普通而又枯燥的工作。因此你可能不会很珍惜，还会暗地里唱着："太委屈，太委屈………"

于是，当老板对你倍加关注、器重，施以恩惠之时，你可能认为理所当然，甚至还在心里暗暗地骂他："这个家伙赚了那么多还这么抠，简直就是葛朗台！"

同事之间，是欢喜冤家。既是亲密的战友，又是天生的仇敌。对于新人而言，这种尺度很难把握。同事的关怀、帮助，可能会使你认为理所当然，甚至会产生猜忌、疑惑，心想：这家伙是不是想利用我？

怀有感恩之心的要点是：

1.知遇之恩，理当"涌泉相报"。老板给了你一个施展自我的平台，你才能施展抱负。当你对老板怀有感恩之心时，也是在尊重自己的选择。

2.唇齿之间，难免产生磕碰。同事之间的矛盾冲突也是难以避免的，但是，你要记得唇亡齿寒的道理。只有相辅相成，

才能共同进步。当你走过一个又一个的坎坷，你会发现同事确实给了你不少帮助。不管怎样，你的经历让你更加成熟，更加接近成功。

3.其实，老板也好，同事也好，他们都是你的镜子。当你用感恩之心面对时，他们也会更为友好、愉快地与你相处。

第三节　　学会沟通

琳雪是个让父母引以为傲的独生女，学习成绩一直很优秀，人也直率、开朗活泼。可是，工作后，她的直率却成了缺点，惹了大祸。琳雪在给主管提了点意见后，明显感到自己得罪了主管。琳雪觉得在主管眼中，她已经是一无是处了。

在试用期出了问题，等于给自己判了死刑，琳雪不知道如何才能挽回。她想走掉算了，可又舍不得这份喜欢的工作，心情郁闷到了极点。最后，琳雪找到自己的师傅们，与他们沟通，虚心讨教。在他们的指点下，她主动找主管承认错误，希望主管能原谅她，并恳求再给自己一次机会。通过与主管沟通后，主管的态度明显比以前好了很多，脸色虽然还没有阴转晴，但至少可以说是露出了希望的曙光：延长琳雪的试用期。通过这次的交谈，琳雪对这个看似严厉的主管也有了新的认识，主管的心肠原来也是很热的。

在工作中，无论遇到怎样的情况，都要学会调整心情，以积极的心态来面对一切。在上面的案例中，如果琳雪不及时和

同事沟通，不向师傅请教，便把工作辞了，这样不仅失去了自己喜欢的工作，同时也失去了相互了解的机会。

初涉职场，难免会遇到困难，在你遇到困难的时候，可以向同事寻求帮助。其实，每个人的内心深处都有帮助他人的原始愿望，不管是出于善心，还是出于自我优越感的体验。孤军奋战永远是不得已而为之的下策，不管是在职场还是在生活中，都是如此。

有这样一个案例：

虽然我们公司新进的职员上班时基本都是坐在办公桌前处理单据等，并不需要性格过分热情开朗或者为人八面玲珑，但是公司当然也不希望找一个类似于自闭症的职员每天像空气一样地存在。新来的一批职员中有一个女孩子就内向得让人受不了。她来上班的时候，没有人知道她是几点来的，往往是偶尔一抬头，猛地看见刚才还空着的位子上已经有一个身影端坐在那里。下班时也是这样，眨眼的工夫就发现她的桌上已经清理一空，人去桌空。被她这么毫无声息地一来一往吓过几次，我们大家也都习惯了，最后都渐渐忽略她的存在了。

本来，新人刚入职场，利用中午吃饭时间可以和同事们聊聊天、吃吃饭，逐渐熟悉起来。有几个新人的确是这么做的，也已经融入了大团体，但是这位新人愣是坚持每天自己带饭来，时间一到，微波炉里一转，就躲到会议室的角落里一个人吃闷饭去了。周末同事们搞过几次小范围的活动，一起吃饭、唱歌什么的，也从没见她参加过。如此不合群的新人，大伙儿还真是第一次见识。也有几位好心的同事一开始主动找她搭

讪，可是她最多礼貌地回答一下，然后又一言不发。后来同事私底下聊起，有人用"太可怕了"来形容她。

不管是性格原因，还是其他什么原因，案例中的这个女孩子的做法都是绝对不可取的。人是群居动物，人与人之间需要沟通、交流、合作。进入公司工作之后就要适当舍弃自我，学会与人分享资源，融入团队之中。

面对工作，要有积极的心态，要学会沟通。特别是自己不知道该怎么做的地方，更不能马虎大意。有时一项任务交代下来后，如果上司不追问，结果可能就会不了了之；有些事情，如果上级不跟踪落实，就很难有令人满意的反馈；还有的人面对布置的工作常常会感到不知所措，找不到头绪，又碍于面子，不好意思问上司，结果又开始让工作处于停滞的状态。这些都是消极的做法，如果你在工作中经常会这样，那么，你离开工作岗位的日子也就不远了。

面对上司布置的工作，你当然要尽力圆满地完成每一项工作，并且主动多做一些力所能及的事，以积极的姿态快速进入工作状态。当你进入工作状态时，你在单位的"新人"形象也将大大淡化。

第四节　了解单位的情况

　　试用期是一个双向考察磨合的过程：用人单位可以考察新人并决定辞与留，新人也可以考察用人单位并选择去留。刚刚毕业的大学生应该对用人单位进行有效的考核，因为单位的好坏对个人职业生涯的发展将会产生重要的影响。

　　大学生要利用一切机会了解单位的情况。用你的眼睛仔细观察，用你的心灵认真体会，用你的大脑深入思考，争取做到知己知彼。同时，你也要避免让单位感觉你是一个爱打听情况的人。

　　在多数情况下，公司会在试用期的最初几天对新人进行初步的培训，这是对公司正面了解的好机会。培训主要是讲解公司的文化与历史、公司制度(例如行政管理制度、业务操作制度等)、部分工作的业务流程等。在培训期间，毕业生要多问多观察，并且保存注有公司承诺的书面材料。

　　此外，还要注意观察企业领导对待工作是否热情、勤勉，是否公正、公平地对待工作及下属，对公司的发展是否有切实

可行的计划，有没有凝聚力，职位安排上是否任人唯亲等；看员工是积极工作还是消极散漫，团队是否团结一心、乐于帮助新人，同事之间是否拉帮结派；看工作内容能否发挥自己的才干，公司的内部管理制度规定是否明确并被严格遵守，晋升通道或学习培训的机会是否平等；工作环境是否稳定，待遇是否满意，等等。

一个公司发展的好坏，领导是起主导作用的，因此领导者的才能是十分重要的。某些公司在创业初期时，工作环境及待遇可能不尽如人意，但只要领导者有远大的理想及踏实的工作态度，能使员工最大限度地自觉发挥才干，使公司的业务蒸蒸日上，那么这个公司就有希望。

反之，若领导者偏听偏信，奖罚不分，那么即使该公司有具体的制度，也可能没人遵守；即使有良好的待遇，也可能是昙花一现。所以，新人一定要睁大眼睛仔细地审视你目前供职的单位。

可以通过和同事聊天来获得其对领导、工作、工资待遇等方面的评价。同事们工作久了，对公司了解更深刻，他们的评价会体现公司的价值观，是非常有用的资讯参考。同时，还要听其他渠道反馈的信息，包括公司的客户、竞争对手、关联单位等。

考察之后，就要开始思考。要考虑该单位是否符合自己的职业规划，是否能提供公平的晋升空间，自己是否真的适合在该单位工作等。

通过考察和自己的深思熟虑，你就可以决定是否留在该单

位工作了。如果决定留下，那就把无限的热情投入到为之奋斗的事业中去；如果觉得彼此不合适，那就可以在试用期尚未结束时，请求辞去，以寻找更好的适合自己的发展空间。

第五节　坚持——胜利

　大学生初涉职场，带有一种激情，凡事都会力争上游、表现出勤奋的一面。可是这种情况往往难以持久，等到逐渐熟悉工作环境之后，热情便逐渐冷却，人也开始松懈下来。其实作为一名职场新人，很多东西都需要学习，懒散是要不得的。懒散的工作态度会影响到上司对你的看法，甚至还会令你丢掉辛苦找到的工作。

　　白天是学新闻的，在大四的时候，就在某报社实习，一待就是 4 个月。4 个月里，她兢兢业业，不敢有丝毫怠慢。找选题，分析竞争对手，学习先进媒体，该做的一个都没有落下。写了不少有分量、有深度的文章，受到了主编的肯定。终于，在实习到第4个月的时候，报社和她签订了《就业协议》。

　　签了协议的白天松了口气，工作总算是定下来了。正式毕业后，她才到报社上班。已经有了4个月的工作经验，对自己从事的工作简直是轻车熟路，而且对单位的工作环境也很熟悉了，所以白天觉得试用期不过是走过场，根本没有放在心上。

在熟悉的环境中，在熟悉的工作岗位上，白天完全没有新人的拘谨。本来坚持早到晚退的她，偶尔也迟到早退。她采访写作也没了当初的热情和积极。试用期的两个月，她写的稿子和评上的好稿都没有实习时一个月的量多。

试用期结束，白天怎么也没想到报社居然改变初衷，不要自己了。部主任抛给她一句话："你是越来越懒，越来越不认真了。"

对于那些已经实习了很长一段时间的大学生来说很容易犯白天这样的错误。长时间的实习，使得他们对工作内容和环境都非常熟悉，为人处世的时候也容易因麻痹大意而出错。一旦漫长的实习期结束，签订了《就业协议》，他们就感觉万事大吉，对试用期不再给予足够的重视。他们在工作中表现出倦怠和懒惰，结果前功尽弃，遭遇被辞退的厄运。如果你决定从事某份工作，那么就要学会接受它的枯燥和不可避免的重复性，对工作永远保持最初的热情。

还有一些新人，在工作了一段时间之后，还没有度过试用期，就对工作产生了厌倦的情绪，想要跳槽。

小王研究生毕业后进了一家研究所作办公室主任助理。工作很轻松，整理文件、归档或是交部门负责人传阅；有时她也帮着给所里的网页做点上传文件或是美化的工作。很快地，她对自己的工作便感到乏味，觉得自己的研究生白念了，真是"英雄无用武之地"。更要命的是，她觉得办公室主任见谁都笑容可掬的，就是从来没给她笑脸。内敛且多少有些清高的小王郁闷之下，才工作了一个月，就想辞职走人。

　　小王在新单位只待了一个月，对工作和企业都还不是很了解，在这种情况下跳槽，对自己未来的求职与发展都不利。硕士刚刚毕业，被安排做些分发文件的小事，也许会感到很委屈，小王的心情可以理解。但是凡事都有个开头，如果不调整好自己的心态，即使再找到其他的工作也很难安下心来。

　　像小王这样在工作了一段时间，还没有度过试用期，就有了强烈的跳槽意向的大学生不在少数。他们有的感觉自己所在的单位不能让自己满意，有的觉得自己的才华没有发挥出来，有的觉得单位的氛围让自己无法忍受……但是并不是跳一次槽就能解决问题，如果原先的求职是个错误，那么这样的跳槽是应该的。但是，在目标还不明确的时候不要轻易选择跳槽，否则，就是拿自己的整个职业生涯作赌注，万一选择错了，反而失去了发展自我的机会。

　　所以，当新人出现厌倦工作、想要跳槽的想法时，不妨尝试改变自己工作的态度，问问自己是在为工资还是为了事业的发展而努力？因为对于刚刚迈出"象牙塔"的职场新人来说，虽然企业给你们的工资往往都是较低的，但要获得较高的工资回报并非一件容易的事。一般而言，往往需要经过 3 年左右的时间进行系统学习，才能够让个人的判断能力、思维模式和工作方法等有质的提升，所以在刚开始工作的时候，特别是在试用期的时候，不要轻易地产生跳槽的想法，放弃自己的工作。

　　一般来说，前 3 年的工作时间在其个人职业发展道路上，是知识和经验积累的时期。但是往往就是在这个阶段，职场新人会面对外部的很多诱惑，有些人无法拒绝高薪和高职位的诱

惑，开始频繁跳槽，结果很容易失去自己的发展方向，最终给职业发展带来困惑。

从事一份工作需要热情、耐心和毅力。没有热情和耐力，即使再好的机会也难以把握。坚持下去，踏实工作，在困境中不断完善自我，这才是新人要做到的。从自身着手，适当地改变自己，让自己适应环境。在与企业的逐渐磨合中，你会发现平凡的工作其实也很快乐。在平凡的工作中，你也不断地在实现自我价值。

读后讨论题

（1）把自己工作中的缺点写下来。

（2）总结试用期的所有注意事项。

第五章　求职陷阱

第一节　　试用期陷阱

近几年，因为求职被骗的事件屡见不鲜，许多人或是单位利用求职者求职心切的心理，为求职者布下圈套，设下陷阱，让求职者遭遇十面埋伏。

李先生，吉林人，30多岁。他去年8月份来北京找工作，在报纸上看到一家职业介绍所的招工启事，说是要招收保安若干，而且待遇非常优厚，于是就给这家职业介绍所打了电话，之后又到该职业介绍所去应聘。职业介绍所收取了他100元的中介费后，告诉他用人单位的地址，让他自己去面试。在李先生走出介绍所不远，就有自称是该用人单位的经理与他搭话，说李先生已被录用，要李先生交所谓的试工费、服装费等共计300元，下午就可以到公司上班，并留下了公司的联系电话。李先生没有多想就交了钱，当他下午按照纸条上的联系电话打过去时，却发现电话号码是空号。李先生再次找到该职业介绍所时，却被告知他们已为李先生介绍了工作，因此不退还所收的介绍费，这时李先生才明白自己被骗了。

后来李先生到劳动保障监察部门反映情况。劳动保障部门找到职业介绍所后，介绍所称介绍费100元可以退还，但李先生交给招聘单位的300元钱他们不知道，这与他们无关。

目前，社会竞争压力越来越大，因此，一些不法招聘单位便利用求职者求职心切的心理，以招聘为名，来进行诈骗。因此，大学生在找工作的时候一定要擦亮自己的眼睛，以免上当受骗。

有的单位打着"试用期三个月，工资减半，试用合格，工资补发"的招牌来招聘员工。招到人员之后，在试用期即将结束时，便以各种理由把所招人员辞退。这就是试用陷阱。试用陷阱主要是指部分企业以"招不到合适的员工"为名，常年招聘，利用试用期工资低的特点，在试用期满后，以"不适合该工作岗位"等名义将员工辞退，重新招聘新的员工，不断地循环往复，将"试用期"作为从新人身上"榨油"的手段。利用试用期作为陷阱招聘员工的企业，试用期的工资和同行业相比都很低，而且一般都会承诺转正后工资会大幅度上涨。

有的求职者好不容易找到工作，眼看就要过试用期，可以转为正式员工了，却莫名其妙地收到了公司人事部的通知，被告知试用期不合格，不能被公司录用。求职者当时就傻眼了，心里也感到纳闷：自己明明做得挺好的，怎么不能被录用呢？真的是这些求职者个人能力有问题吗？实际情况并非如此。一些小公司为了节约成本，在试用期快到的时候，就辞退求职者，换一批新人。这样就不需要涨工资、不需要付出其他各项开支。这些小公司利用了现在找工作难、求职者急于就职的

心理，趁机渔利，这种做法严重损害了求职者的利益。

刘先生在报纸上看到某公司在招聘驾驶员，于是前去应聘。公司承诺3个月试用期，试用期月薪为800元，转正后为1800元。刘先生顺利地被录用，但录用后刘先生发现，该单位仍在进行驾驶员岗位招聘。当他按约定即将做满3个月时，接到了单位的辞退通知，理由是公司招到了更合适的人。失业后的刘先生在查找新的招聘信息时发现，该单位仍在招聘汽车驾驶员。

现在有些用人单位想方设法延长招聘信息有效期，目的就是为了打求职者"试用期"的小算盘，用新招的人代替欲到期者，如此循环，从试用期的低工资中获利。实际上，试用期是用人单位与求职者建立劳动关系后双方协商约定的考察期限。"试用"是双向的，用人单位"试"求职者，求职者也"试"用人单位。但由于近年来劳动力市场供大于求，整体就业形势趋紧，找工作成了难事，这也致使试用期成了用人单位的"专利"。少数企业甚至把试用期设置成敲诈求职者的陷阱。

正规的大公司不会玩"试用期"的伎俩，一般利用试用期作陷阱的这种情况会在小企业出现，因此在选择小公司的时候要格外谨慎。在确定去该公司之前，你必须尽可能地去了解这家公司的情况。你可以通过该公司的员工打听消息，询问那里的工作情况，包括：公司成立有多久？管理层是什么背景？公司的定位、目标是什么？公司产品有特色吗？经营现状如何？有前景吗？员工素质怎么样？如果已经去了公司，更应该主动多和同事交流这些情况，及时采取措施避免作"冤大头"。在

一般情况下，同一单位在短时间内连续刊登相同的招聘广告，说明该企业招聘的人数多且急，求职成功的可能性较大；如果一个单位连续几周刊登同样的广告，说明该单位可能在用人方面存在一定问题。此外，如果你觉得自己作出判断很难，那就请教老师、家长或是已经工作的有经验的人士，这样可以避免上当受骗。

如果求职者在试用期间不符合录用条件，在试用期满了的时候，用人单位可以解除劳动合同，但并不意味着可以在试用期内随意辞退求职者。求职者如果遭遇无理开除，可向劳动保障部门求助或举报。但最重要的还是求职者在求职的时候，擦亮眼睛，对于试用期工资与转正后工资差距大的公司一定要有所警觉。

第二节　　收费陷阱

大二在校生王某，寒假没有回家，准备和同学一起找份工作。她们在学校的公告栏上看到一则兼职招工信息，招聘家教信息接待员，提供的待遇是底薪800元+提成，于是她们按照广告上提供的信息前去面试。对方声明，工作的主要内容是上街收集聘请家教的信息，每提供一条信息提成10元，7天试用期完成10条任务。小王和同学签协议后各交了50元押金，对方口头承诺，试用期满押金全额退还。一周内，小王和同学天天很辛苦地上街举牌揽活，但是两人总共完成5条任务，而工作人员又称她们的信息无效，所以不给提成。她们提出不干了并索要押金，对方说她们违约只给退30元的押金。

另外也曾在这个公司工作过的校友小张说，他在7天之内完成4条信息，工作人员说信息有效性待定，也没给提成。而在一周之内辛辛苦苦完成了10条任务的另外一所大学的学生小李所得到的解释是：10条信息中有8条信息无效，而且不退还全额押金。

招聘公司变相收取费用的行为是违法的，因此小王和其他同学与家教公司签订的协议也是无效的。以敛财为目的的骗子公司的诈骗名目主要有"报名费""工作卡费""押金""保证金""服装费""办证费（比如健康证）"，还有一些以需要在公司食宿为名，收取"住宿费"和"伙食费"。

赵先生是河南人，从报纸上看到一家商贸公司的招聘信息，他便找到这家公司并参加了面试。面试当天下午，该公司有关人员就告诉赵先生已经通过面试，只要交上岗证、健康证及劳动就业金等费用共480元，第二天就可以来上班。找份工作也不容易，赵先生没有考虑太多，就把钱交了。第二天，当赵先生兴致勃勃地来到该公司上班时，公司负责人却告诉他去北京的总公司上班，而不是事先说好的在郑州工作。此时，赵先生感觉到可能上当了，但由于求职心切，还是去了北京。去北京后，才发现对方所提供的北京总公司根本不存在。赵先生很是气愤，返回河南找到该公司要求退钱。可公司拿回收据之后，只答应退100元，而且必须写一份离职申请。最终，赵先生没有写离职申请，只拿回了50元钱。因为唯一的证据——收据已经被公司收走了。

和赵先生相比，打工者小杨的应聘遭遇更让人气愤：已经交了近1000元的费用，却仍然不能顺利安排工作，而他所应聘的公司，也在一夜之间人去楼空。事情的经过是这样的：

小杨看到一家公司在招聘押运员，每月有1200元的优厚待遇，于是打电话咨询，对方表示不会收取任何费用，只要带身份证和学历资格证就可以了。然而，在小杨正式应聘的时候，

对方却先后要求交押金、保险费、服装费等总计近1000元的费用。对方虽然给小杨开具了收据，但上面却没有任何公章，而且后来这些收据还被以"改发正式收据"为由收回了。应聘当日下午，深感此事有些蹊跷的小杨再次来到该公司，却发现该公司已经人去楼空。虽然小杨已经报警，但是至今却无任何线索。

根据劳动法，任何单位在招聘时不得以任何名义、任何形式向求职者收取各种费用，比如报名费、订金、保证金、抵押金等，这种变向收费的行为是违法的。求职者在遇到用人单位要求交纳各种费用的时候，即便对方表示可以出具发票、收据，也不要交钱，对于那些一味收取各项费用的招聘公司要多加留心。此外，求职者一旦发现招聘单位可疑，可要求核对公司的各类证件，例如工商部门核发的营业证、劳动部门核发的许可证、收取费用时需要的物价部门核发的许可证，对于那些不能出示相关证件和正规协议、合同的公司，一定要勇于拒绝，切不可因求职心切误入陷阱。

安女士在找工作的时候看到一则招聘广告，称某大型物流公司新近成立分公司，急聘大量工作人员，于是便和朋友一起前去应聘。应聘是在一座大厦的16层的一个写字间里进行的，面试的过程很简单，对方简单看了安女士她们的资料后，就告诉她们第二天来上班。

第二天上午，当安女士来到这里上班的时候，对方表示要先交300元服装押金和100元的工资卡费用。对方详细登记了"新员工"的工装号，看上去挺正规。因此，安女士当时并未

多心，直接交了钱，并按要求下午前来签协议。在下午签协议的时候安女士发现，协议上没有公司公章，而且要再交300元保证金。对此安女士疑心不已，拒绝签协议并要求退还服装费和工资卡费。

通过和其他应聘者交流，安女士了解到，在该大厦的12层还有一家公司的招聘待遇和该公司一模一样。于是，安女士她们又到该公司应聘，发现两家不同名字的公司却是同一批招聘人员。最终，经过反复交涉，安女士讨回了200元的费用。

类似地，小吴也有一次被骗的经历。那天小吴在报纸上看到有招聘销售员的广告。招聘单位是一家服饰公司，工资待遇还不错，每月3200元，中午包一顿午餐，每月有600元的通勤费。小吴看到广告后，就赶到了招聘地点。负责招聘的是一名年轻的女士，屋里挂着10多件女装，中间有人进屋询问价格，该女子说服装不零售，只能批发，这一切让小吴深信这是一家真正的公司。负责招聘的女子简单询问了小吴的基本情况后，就决定录用她，并让她交150元保证金，说是怕小吴中途辞职，给公司带来损失。因为不允许押本人身份证，所以采取了交钱的方式，不过押金在干满3个月之后就返还。

当时小吴觉得对方说得很有道理，所以没寻思就交了钱，对方给小吴开了一个简单的收据。然后告诉小吴去公司的总部报到，并给小吴一个具体的地址。

等小吴到了公司总部之后，公司总部的一位女同志告诉她再交200元人身意外伤害保险，承诺工作满3个月后退还。当时小吴觉得有点不对劲：在招聘地点，那名女子说除了交150元保

证金之后，再没其他费用了。而现在又要交什么保险费？会不会有诈？心存疑虑的小吴没交这200元，随后便返回了招聘地点。

回到招聘地点后，那名收了保证金的女子说，这事怨她了，没跟小吴说清楚。小吴意识到是场骗局，于是说不干了，要退钱，但此时女子却说小吴违约在先，不能退。

小吴磨了很长时间，那名女子看小吴一直不走，没有办法，就打电话给她的"经理"。小吴在电话中和"经理"聊了10多分钟，最后那名"经理"说："给你退100元，要是别人就一分不退了。"尽管小吴再三要求，但最终还是被扣了50元钱。

求职者在找工作时一定要到正规的劳动力市场，在面试之前要对公司有所了解，不能轻信招聘广告的"甜言蜜语"，说得越好的越值得怀疑。常见的骗子广告经常以招聘经理助理、话务员、文秘、打字员、司机、接待、电工、保洁、库管等职位为名，几乎无所不包，而且还煞有介事地备注一下——中介勿扰。工资一般都在1200～3000元，不收押金！而且没有学历要求，地址为某某大厦某层某室。等求职者去了之后，会很顺利地被录用，然后被要求交纳建档费、证卡费、保证金或者报名费等费用。钱交了，也许就没有下文了，甚至突然人间蒸发。

菲菲初来北京的时候，以为北京这么大的城市，用人的公司一定很多，找工作应该并不难，可是参加了两场招聘会，走了几家公司，交过简历之后，却一直杳无音信。求职心切的菲

菲在报亭买了几份招聘报纸，在报纸上找到了条件相对比较好的一家贸易公司。菲菲按着注明的电话拨了过去，对方一位小姐用甜美的声音回答着菲菲的问题，让菲菲带好个人简历去面试。

菲菲迫不急待地拿着简历按报纸上标明的地址前往该公司面试。倒了一次车，问了两次路，菲菲终于来到了报纸上所说的地方。这是一所相当豪华的商户两用小区，环境很不错。菲菲按保安的指示找到了这家公司，进了屋之后，一位自称肖经理的年轻女子接待了菲菲。

在看完菲菲的简历之后，这位女子说菲菲有这方面的工作经验，可以录用。然后又给菲菲介绍了工作地点、工作时间及薪水。菲菲应聘的是文员，对方说文员的试用期工资是1800元。当时菲菲被高额的薪水冲晕了头，连忙答道，条件都可以。于是那个肖经理接着说："既然您觉得条件都行，那您就先交150元的试用期饭费吧。"当时菲菲就觉得不太对，对方看出了菲菲的犹豫，马上跟菲菲解释说："因为在试用期间，公司是不管试用人员的伙食问题的。中午公司有食堂，所以要交这一个月试用期的伙食费，当您试用期过后，正式成为我们公司一员的时候，您这150元，我们会在您第一个月的工资里返还。"菲菲想了想，觉得也有道理，犹豫了一会儿，还是交给对方150元。交钱之后，这位肖经理告诉菲菲明天上午过来签试用期合同。

没想到找工作竟如此顺利，这让菲菲忘了去考虑过多的事宜。晚上美美地睡了一觉后，第二天一大早她就来到了之前应

聘的地点。肖经理把合同给菲菲看过之后，菲菲真的是傻了，合同上居然还让交200元的风险抵押金。这下菲菲有些醒悟了：正规的大公司哪里会有让交抵押金一说的？但还是对这份工作抱有一份希望，想看看往下还会有什么文章。于是，菲菲笑着对经理说："经理，我工作过几家公司了，并没有一家让我交过什么风险抵押金，您要是觉得有必要交这200元的抵押金，您可以在我的第一月工资里扣除。"肖经理听菲菲这么说，马上解释道："公司与公司并不相同，我们公司有我们公司的制度。"经过一番争执之后，经理又说："这样吧，我先给你写个上岗证，您先上岗吧，这押金的事过后再说。"说完，写了个地址，让菲菲去上岗。

此时，菲菲已经感觉到自己受骗了，但因为求职心切，还是去了经理说的那个地方。按照经理给的地址，菲菲坐了两个多小时的车，来到了一个特别破的配货站。在最里面一间破屋里，坐着一个年轻男子，男子自称王经理。看得出，他和之前的那个肖经理已经通过话了，知道菲菲是过来上岗的，寒暄了几句后说道："因为公司是正规企业，上岗必须得有暂住证和健康证，您得交119元办理。"这下子菲菲终于看透了，这是一场不折不扣的骗局，心里责怪自己太愚蠢，起身出来，看到外面还有两人拿着试用期合同等待着所谓的王经理给分配工作呢。菲菲出来后，外面的两个人随之进去了，菲菲并没有离开，而是等着那两个人出来。

那两个人进屋不到两分钟就匆匆地出来了，原来他们也发觉到了不对，于是急着来找菲菲。这两位也是刚刚从外地来到

北京打工的，不幸的是，比菲菲还惨，竟然连抵押金都交了，一天内他们已经交了400多元了。菲菲和他们分析这事情的来龙去脉，两个人终于醒悟，于是掉头去找那位王经理。而菲菲则坐上了车，回来找那位肖经理，虽然150元不是很多，但对刚刚毕业的菲菲来说也是一笔不小的费用，况且菲菲也不想白白便宜了这帮骗子。

当菲菲再次返回面试地点的时候，发现屋里多了几个彪形大汉。说心里话，菲菲当时还真有些害怕，毕竟自己只是个弱女子，如果因为向他们要回这150元起了冲突，那几个男的也许会用别的方法对付自己呢。菲菲强忍着心中的怒火，走进肖经理的办公室。进屋后，直接对她说："这份工作不太适合我，一是工作地点远，二是有些职能我还不能胜任。我不做了，请你把150元钱还给我，我把票据给你。"

对方还执意劝菲菲干这份工作，如果不干只能按合同上规定的返给菲菲50元。菲菲有些急了，但还是忍着说道："经理，哪份合同是我签的？签了我愿意生效。"其实菲菲明白，这已经是羊入虎口，没什么希望了。可她并不甘心这150元就这样白白地被骗了。菲菲一一罗列自己的理由，然后又心平气和地和肖经理聊起天来，说自己找工作的心酸以及自己一个人在外漂泊的难处，等等。大概聊了半个多小时后，这位经理说："小妹，我尽我最大努力只能还给你100元了。你拿到100元后，就不要再和我说什么了。"

这时候，外面那几个男人突然进来，说一分钱也不让还给菲菲。等那几个男的出门之后，女孩把门锁上，从兜里拿出100

元还给了菲菲，然后说："姐，虽然你年纪比我大，但是你太单纯。看得出你是刚来此地，对这里并不了解。其实这150元我明明可以一分不还给你，你也没辙。我是挣提成的，今天我把我挣的全还给你了，走到这一步我也是没办法，听我的吧，不要再相信这些商贸公司，不要再那么单纯了，以后自己小心点。"

一时间，菲菲心中升起一种莫名的感觉，不知道是同情那个所谓的经理，还是可怜自己的傻。拿着那要回的100元走出大厦，菲菲对自己说：50元买个教训也值，这是24年来第一次被骗钱，也是最后一次。

为了防止上当受骗，在面试的过程中，无论用人单位说得怎样天花乱坠，都要保持清醒的头脑，要记住：只要是交钱的，坚决不同意。正规公司是不会要求面试者在面试之前或是工作之前先交钱的。对于报纸或是在其他地方看到的广告，也要认真分析，不要轻易相信。对于广告的认识，下面有几点可供参考：

爆炸式招聘：一次招几十，甚至过百人，岗位从总经理到最底层员工一线贯穿，除非新建公司，否则大多目的不纯，不是恶意炒作，就是要行骗。

永久式招聘：声称广告长期有效，长年招聘，且报名不受限制。

单线式招聘：联系方式模糊，或仅有邮箱、手机联系，面试地点大多是私人住宅，进去之后不知道会发生什么事情，自身权益很难得到保障。

垃圾式招聘：招聘广告贴在马路边、车站、电线杆、建筑物上，或贴在人才市场的外墙上，这些大多是不正规的单位，动机多数是为了骗取求职者的钱财。

色情式招聘：一些公司打着急招"公关先生"、"公关小姐"字样，而且提供的薪酬很高，这样的公司从事的多是色情服务，千万不能应聘。

无收入招聘：有些招聘招的是"经营人才"，却没有工资或是底薪，需要根据你招揽业务的情况来获取提成，相当于自己给自己发工资。而且，最后即使你招揽了业务，也未必能得到公司所承诺的提成。

小王找了一份工作，在一家公司推销医疗器械，当时公司承诺的提成很可观，可是在工作了3个月之后，老板还没有兑现当初的承诺。一些人找到老总，老总说公司处于发展初期，资金困难，希望大家体谅一下。为了稳住这些人继续为他效命，他给每个人开了一小部分工钱，作为大家的生活费用。而且用自己的人格保证：再过一个月，到年底，一定把欠大家的钱都结了，还会给业绩突出的人一定的奖励。结果到年底的时候，经理携款溜了，公司只剩下一个空壳。

中介式招聘：打着"策划公司"、"媒介公司"、"信息公司"等牌子，招聘条件极低，但丝毫不透露公司细节，先让求职者交一笔咨询费，实际上就是以此来骗取钱财。

从另外一个角度，通过分析招聘广告来识破骗局，还可以归纳为以下几点：第一，对应聘者的条件要求很低。学历、工作经验，甚至年龄等条件都可放松或者根本没有要求，但承诺

的工资待遇却比较高；第二，一个小公司，却招聘工种、职位繁多的人员；第三，招聘程序简化，只留地址或联系电话，让求职者直接前去面试。

还有一些专门以求职大学生为诈骗对象的骗子公司，与一般的骗子公司和黑职介不同的是，他们招聘的往往多是文员、公关人员、部门经理或是经理助理，以此来迷惑涉世未深的求职大学生。新新是烟台某高校大二学生，因为家庭条件并不好，所以想找一份兼职工作来维持自己的生活开支。在学校的布告栏里她发现了一则小广告：某公司招聘文职人员，为公司写文稿，每万字稿酬200元。这份工作对于新新来说，收入还是不错的，而且写文稿，对于学中文的新新来说，是轻而易举的事。于是，她按照广告上的地址到这家公司参加面试。

工作人员介绍了工作和待遇问题后，又提出每份文稿需要交纳押金300元，并保证文稿写完交付后退还押金。新新决定同时写两份文稿，于是就交了600元押金。到了交付文稿的时间，新新一大早就赶到了公司，当时就傻眼了：公司大门紧锁，人去楼空。写字楼物业人员告诉她，昨天下午，几名警察将公司的工作人员都带走了，公司也被封了。新新急忙打电话报警。消息传出，公司门口围满了闻讯赶来讨要押金的大学生。这些人均来自烟台各高校，近百人，每人都交纳了300元甚至更多的押金。据大楼物业人员介绍，这家公司是5月份才搬来这里的，租了两间房子当办公室。

从报纸上还看到这样的消息：河南师范大学几名大三学生就被一家公司骗了。他们在这家公司从事文秘、翻译工作，公

司要求他们交500元押金。可这些学生在交钱后，公司又推托说目前职位已满或暂时没有工作可做，要学生等消息，接下来就没有消息了。后来，这些学生声言要上法庭起诉，才将押金追讨回来。

现在有很多人借着大学生求职心切和社会经验不足等弱点行骗，手段多种多样，有时候真是让人防不胜防。

正在郑州学习的小王接到妈妈从辽宁打来的奇怪的询问电话："儿子，你是不是出车祸了？"当时小王真有点丈二和尚摸不着头脑："谁说的，我不是好好地在听你说话吗？"

"刚刚有个男的打电话来说是你们的辅导员，说你出了车祸，学校已经帮着凑了3000元，还差2万元，让我们10点之前必须把钱打到他提供的账户上，否则你就没命了。"小张的妈妈说，"可你的电话一直打不通，快把我们急死了。你爸说你要是晚接电话1个小时，他就坐火车去郑州看你了！"

"究竟是谁往我家里打的电话呢？"小王思来想去，只有一种可能：就是前段时间找工作时，登记的那家中介公司！他们当时要小王把家庭住址、联系方式等资料填写清楚。真没想到，他们居然打电话到家里去骗钱。

类似的事情不止在小王的身上发生过，幸运的是小王的父母没有上当。而其他的学生家长则因为着急不能冷静客观地分析，结果中了骗子的圈套。另外，还有一些不法之徒把目光盯在女大学生身上，利用在校大学生社会经验少、轻易相信人的弱点，进行色情犯罪活动。有的是打着洗浴、酒吧、歌舞等娱乐场所高薪招聘的幌子，以吸引求职者，工种有代客泊车、导

游、迎宾、侍者、陪聊等；有的是单独约见女生，这类陷阱多发生在招聘家教或文秘时，有的女同学不加考虑，单独应约，和对方见面，却遭遇性骚扰或暴力侵犯。

一高校女生小高在一家职业介绍所交了200元中介费后，被通知到一家做家教。小高刚走进那户人家就感到气氛有点不对，开门后，一个男子一边把她往室内让，一边顺手反锁了防盗门。然后顺势坐在小高身边，并和她紧贴坐在一起。当时小高很害怕，脑子里一片空白，正不知道该怎么办的时候，恰好有同学打电话过来，小高趁机溜了出来，逃离了危险地带。第二天，当小高找到那家职业介绍所要求换工作时，却被拒绝了。

和小雪相比，小高还算是幸运的，因为小高只损失了200元中介费，并从这次经历中吸取了教训；而小雪，则因为求职而失去了自己最宝贵的东西。

小雪今年18岁，中专毕业，刚刚毕业走入社会的她，对社会上的险恶知之甚少。经一个远房亲戚介绍，小雪认识了某公司的总经理史林。史林帮助小雪找了一份工作，并陪着她去面试。

在面试结束后，小雪想要离开时，史林一再地挽留，先是请小雪吃晚饭以拖延时间，然后又将其骗至歌舞厅、夜总会灌酒，最后致使小雪去不了同学的学校，只能投宿到史林帮她安排的酒店。在酒店，史林把醉酒的小雪给强奸了。

小雪的经历给正在求职的女大学生一个很好的警示：当自己单独出门求职、访亲时，一定要提高自我保护意识，不要轻

易相信陌生人的花言巧语，以防不怀好意的人作出违法犯罪事件，伤害到自己。

某大学教育心理专业的小路，本想在春节前打工赚点钱回家。寒假刚到，就到处查看招工信息。她在一张报纸上看到一条某娱乐城招聘服务员的信息，薪金很高，就按上面留的电话号码拨了过去。号码是个外地手机，一个女子接的电话，她告诉小路娱乐城在某某大酒店内办公，让她下午去酒店面试。针对小路"手机号怎么是外地号码"的疑问，那个女子解释，客户大多是外地老板，所以工作人员的手机也是外地手机。

当天下午两点多，小路来到该酒店大厅，却不见有负责面试的人来招呼她。她就拨通了那个外地手机，接电话的女子说："好，你就站在原地别动，我们用的是高科技，我们的电脑将对你面试，你10分钟后再打电话过来。"10分钟后，小路再打过去，对方告诉她："恭喜你，你已经通过了电脑面试，后天来上班吧。"当小路来到该酒店准备上班的时候，仍然没有人接待。小路只好再次打电话给对方，对方告诉她，上班要先交1000元保证金，如果没那么多钱，可先交500元，公司为她垫付500元，还称公司的客户都是有钱人，小路只要工作一个下午就可以把这500元赚回来。小路要求当面交钱，可对方说工作人员不能接触现金，要直接打到老板账户上，并给了小路一个银行账号。

小路从同学那借了500元钱，汇入指定账户后拨通了对方电话。对方称，她还需汇入600元，才能正式上班。小路照办后，对方让她在汇款后的第二天来上班。当小路再次来到该酒

店的时候，对方仍然没有出现，拨通对方电话后，对方又要她汇2000元钱，并要她把之前公司垫付的500元一并交上，说这是保证金。这时，小路退缩了，对这个工作的可信性开始产生了怀疑。但对方称，如果小路不来上班，就是违约，要从她交的钱中扣30%作违约金。因怕自己先前交的钱打水漂，小路东拼西凑又凑了2500元汇到对方指定的账户上。

这个时候，小路一共汇到对方的账户上的资金有3600元，但骗子并没有就此罢休。没过多久，对方又给小路打来电话，称此前要她分几次交钱是在考验她，其实她一共应交7000元。这时的小路才起了疑心，于是到之前几次到过的大酒店人事部询问，工作人员告诉她，酒店里没有小路所说的娱乐公司，建议她报案。

大学生在找工作时要注意自己面试的公司是不是正规公司。比如，如果是经贸公司或电脑公司，即使没有自己的办公大楼，也大部分选址在中高档写字楼中，其办公设备也一应俱全。如果碰到要交保证金、押金等情况时，应当警惕，不要轻易交钱。一旦发现用人单位有侵权、违约及强迫打工者从事违法活动等行为时，应立即向当地劳动部门反映。如遇到中介欺诈，应要求其退还中介费，索要不成则可向法院起诉来维护自己的利益。

第三节　　高薪陷阱

在众多的招聘广告中，高薪的职位最容易引起人们的注意。一些高层次的技术类、管理类岗位的高工资是很正常的，不能胜任的人也只能对此望而兴叹。不过，对于那些岗位要求低、薪资待遇优厚的工作，对应聘者来说则充满了无限的诱惑力，于是许多求职者竞相去抢这块看似"美味的蛋糕"。实际上，这块"蛋糕"只是个诱饵，有的人因为高薪诱惑而被骗；有的人则在真正上岗时，才发现实际的工资要比招聘广告上的"缩水"很多。这种以高薪为陷阱的招聘对求职者不会设任何的障碍，面试过程非常简单，让你感到很幸运，主要的目的就是尽快让你这条鱼进入他们撒下的网。

付小姐是广西南宁人，去年4月份的时候，广东一家电子有限公司在广西人才市场设点招聘，称该公司将在南宁成立分公司。应聘人员面试合格后先到广州总部培训15天，然后再回南宁分公司工作。试用期月薪1500元，转正后月薪2000元。

对于文员来说，这个待遇已经很不错了。因此，付小姐动

了心，于是她前去面试。第二天，付小姐接到了培训通知。在接到通知后，付小姐按照对方说的地址找到了这家公司。一进公司大门，付小姐很兴奋：有前台，有漂亮的写字间，看上去很气派。一位自称是李总的男子接待了她。李总说要付小姐交3000元押金以保证不泄露公司秘密，另外加服装费300元。付小姐随身只带了1300元，带的钱不够，李总同意她先交这些。

当天下午，公司与付小姐签订了合同，公司称半个月后就可以为她安排工作。但令付小姐有些不解的是：李总以所签合同需要公证为由不给她合同，说等付小姐上班的时候，公司会派人到南宁把合同带给她。此外，合同甲方并不是这家电子公司，名称是一家贸易公司。面对这些疑问，付小姐欲言又止，因担心失去这份工作，也没多问。随后，李总叫她回南宁等候通知，如有疑问可以和一个姓陈的南宁分公司负责人联系。

一晃10多天过去了，付小姐一直没有等来任何消息，于是给李总和陈先生打电话，他们都说南宁分公司的营业执照还没办下来，叫她耐心等候。过了几天，仍然没有任何动静。这下付小姐慌了神，多次拨打李总和陈先生的手机，但手机一直处于关机状态。付小姐知道自己交的1300元违约保证金和服装费打了水漂，自己上当了。

和付小姐的被骗经历差不多，邢先生也遭遇了"高薪陷阱"，只是邢先生觉醒得早些，被骗的钱并不是很多。

邢先生本是一名装潢工，在去年7月的时候随装潢队来到南京。随后看到一家单位"高薪招聘押运员"，于是邢先生有些心动，决定改行，并急着过去报名。在报名点，一位姓周的

自称是人事经理的男士让邢先生先交400元手续费，然后开了一张收条，除写明收款金额外，还注明如果公司不录用的话，退还该费用；如果公司已经录用却不去上班，费用不退。

"周经理"告诉邢先生到航运大厦九楼的人事部报到，并出具了一份介绍信，还把乘车路线写在介绍信的反面。因为担心人事部会对收条产生置疑，邢先生让"周经理"把收条改成收据。"周经理"说凭他写的条子就行了，人事部都认识他的字。

等邢先生找到那里的时候，发现那里的环境和招聘单位办公环境一样，里外两间，里间门上还写着"经理室"，有位杨先生随即给邢先生写了一张便条，并留下了联系电话，让邢先生过两天打电话与他联系。当邢先生打电话与杨先生联系的时候，杨先生告诉邢先生第二天带着"健康证"和"送货员证"等资料前往航运大厦报到。当对方得知邢先生没有"两证"的时候，便说他们可以帮助办理，让邢先生再拿200元钱。

此时，邢先生开始回忆这次应聘的前后经过，发现应聘单位的收费并不规范，而且办公地点不像招聘押运员的，怀疑自己落入了陷阱，于是不再对此事抱有任何希望，同时告诉自己身边的朋友不要为"高薪"轻易动心。

求职者在交费、签合同、提交证件时一定要谨慎小心，像付小姐这样交了钱又无凭证的，只能哑巴吃黄连。在面试的时候，如果对方要求你交押金或是其他的费用，可以推辞说自己没带钱，不管对方说得怎样天花乱坠都不能被迷惑，以免误入陷阱。求职者一旦掉入这类陷阱，损失的可能不仅是钱财，还

可能被误导从事非法的"地下"职业。

最常见、受骗最多的是月薪过万、招聘公关的陷阱。这种诈骗方式在沿海城市已出现了一段时间，都是有计划的团伙操作。上当受骗者多为外来务工人员和学生。

王先生是外地人，在济南打工，他在应聘月薪2万元的公关先生时被骗。王先生在找工作的时候，看到了几则写有"招聘男女公关，月收入万元"的广告，就试着拨通了招聘广告上的电话。接电话的是个男子，自称姓陈，他说这是某大酒店夜总会内部招聘，问了王先生的年龄、身高、体重，然后让王先生到一酒店大堂去面试，看他是否合格。

在酒店内，王先生没有看到面试的人，于是拨通了对方的电话，对方说他已经通过了监控面试，符合他们的要求，但要交700元培训费，交了钱当天可以上班，每个月能挣到上万元。

因为当天王先生没有带钱，对方就让他第二天拿钱过来。第二天上午，王先生再次来到酒店并给陈先生打电话，陈先生说公司有规定，钱需要打到财务总监的账户上，并给了王先生一个账号。王先生按照对方的要求把700元钱打到了那个账户上。

过了半天的时间，对方仍然没有与王先生联系。王先生又给陈先生打去电话，陈又说培训需要房间，再让王先生交900元的房费，王先生这才感觉到上当了。

和大学生严艳相比，王先生还算是明智的，而且损失的也不算多。严艳是天津某大学的大四学生，春节后一直在四处寻找工作。一次偶然的机会，她看到一家五星级大酒店"高薪

招聘高级公关"的招聘广告，招聘五星级酒店公关和服务员，分A、B、C三等，其中A等待遇较高，每天收入1000元～3000元。正为找工作发愁的严艳当即拨通了联系人钱小姐的手机。对方说："先要面试，你马上到酒店来。"

严艳立即赶往这家著名的五星级大酒店。进了大厅，陈艳打通手机，钱小姐问了姓名、年龄、学历、户籍等，然后说："面试很简单，你走到酒店大厅黑沙发旁。"陈艳转了一圈说："大厅里没黑色沙发呀。"钱小姐又说，"那你走到红色沙发旁。"陈艳说："也没有红沙发呀。"钱小姐说："那你站着别动，有摄像头对着你，我们公司会有人给你面试。"

又过了几分钟，严艳拨打手机询问面试结果。对方说："你通过了，随时来上班，我们包吃包住，统一发服装，要交服装押金800元，上班一周后退押金。"

第二天9点，严艳带着800元钱来到酒店大厅，打通了钱小姐的手机。钱小姐给了她一个汇款账号。汇过款后，钱小姐又在手机里对她说，要交2000元的体检费，并解释说她们的休检非常权威，非常高级，由国家药监局负责。如果严艳被查出毛病，十万八万医药费公司照样报销，直到看好病为止。

严艳立即赶回学校，拿出存折和身份证，到银行取出2000元汇了过去。打通钱小姐的电话后，钱小姐在手机里反复说："小严，你是知道的，上班要搞好人际关系。等一会儿公司朱小姐会下来，她是股东，有股份，你要在公司有发展，一定要和她搞好关系。"

"知道，那您看给多少红包合适？500元行不行？"

　　"多少？"钱小姐语气透着不屑，"这点钱不够小孩子吃颗糖呢，你给4888元。"

　　"可我存折一共只有2000块钱了。"严艳无奈地说道。

　　"那你给个2888元，我让财务处先帮你垫2000元。你上班后再还给财务，反正你一天工资3000元呢。"钱小姐回答道。

　　严艳答应了，又汇了2888元过去，再问是否可以上班了。得到的回复是："哎呀，我刚到财务处打招呼，被主管发现了，训了我一通。我又找接待小姐通融，可人家不同意，一定要4888元，否则就不下来接待。"实在没钱了，严艳只好说："我不干了，你退钱给我吧。"钱小姐说："退钱可以，不过我得向领导汇报一下。"过一会儿又打电话过来说，"领导不同意，要交1600元的手续费才能退款。"

　　严艳回到学校，实在没有办法了，只好向同学借钱，将1600元的手续费汇了过去。严艳再次联系钱小姐的时候，钱小姐说："钱已收到，但我们的财务到银行办事了，一个小时后才回来。"

　　一个小时后严艳打手机过去问，对方回复说："财务回来了，但在开会，会后还要吃饭，你明天9点再来吧。记住，不要迟到。"

　　按照对方约好的时间来到酒店，严艳没有等到任何消息。于是拨通钱小姐手机对她说："我要报警。"接电话的钱小姐毫不在乎地答道："你以为我们公司这么容易被搞垮的吗？人家来交押金，一交就几十万，你这点钱谁看得上。"钱小姐又接着说，"我们要告你诽谤，我们所有对话都有录音，你乱说

要负法律责任。如果我是骗子，我第一天骗了你钱，还会天天接你电话吗？"

对方这么一说，严艳一时语塞，觉得她说得也似乎有些道理，一时犹豫不决。

可当她到酒店的大堂询问招聘公关小姐这件事情的时候，得到的答复是：这肯定是个骗局，他们从未在街头做过招聘广告。严艳又问酒店是否有日薪3000元的公关工作时，对方说酒店的公关小姐一个月也挣不到那么多。

从这个案例我们可以看出，严艳要是稍微警惕一点，也不会损失如此惨重。最先在酒店要面试的时候，没有看到面试的人，对方说让到"黑色沙发"和"红色沙发"旁而严艳并没有发现沙发的时候，就应该想到对方可能是骗子，不然怎么会连酒店的情况都不清楚呢？而且一直不露面，正常的面试，哪有这种形式呢？之后又三番五次地让汇款交相关费用，而严艳都一一照做了，如果在整个受骗的过程中，她能多一分思考，结果也不会那么惨。

无独有偶，赵女士受骗的经历几乎和严艳一模一样。赵女士在报纸上看见一条招聘公关经理的信息，她跟对方联系，并按照对方要求，先后分三次通过银行向对方指定账号汇去500元押金和800元"红包"。而后，对方却说要赵女士再汇600元。赵女士觉得不对，想让对方退钱，对方却说如果不做算违约，还须再付300元违约费才把1300元返还。赵女士又汇去了300元，对方却再无音信。

赵女士这才意识到自己被骗了。

这两个案例中有一个共同点就是在求职者要求退钱的时候，对方声称要再汇一定的违约金才能退款。实际上，求职者已经汇给对方的各种费用已经大大超过了所要求的违约金的金额。如果对方非得以交违约金才能退钱为由，此时求职者可让对方从之前的费用中扣。当然，骗子是不会返给求职者一分钱的，但至少不会又被对方骗一部分"违约金"。

类似被骗的案例有很多，有的被骗几百，有的被骗几千，还有的甚至达到上万元。骗子之所以屡屡得逞，主要是因为现在就业压力大，高薪工作机会具有强大的诱惑力，所以有源源不断的大学生以及一些民工上当受骗。

其实，这类骗局有一些共同点：广告上所留的联系电话多为外地手机号码，当求职者对此表示疑问的时候，对方会解释说他们长期在广州、上海等地出差，所以用的是外地号码，并说酒店专门招聘男女公关，陪酒店有钱的客人吃喝玩乐，聊天过夜，每次小费1000元～2000元不等。

面试地点通常是在某大酒店的大厅，在整个面试过程中对方始终不露面，只用手机联系应聘者，声称是摄像头或是电脑在暗中进行面试，然后再用电话告诉对方条件合格，已经被酒店成功录用。同时还会再三强调：报到前要先交几百元甚至几千元的服装费或是体检费、保证金、押金、给"主要领导"红包等费用，押金和保证金在工作后便退还。

当应聘者提出将钱亲手交给招聘者的时候，对方会说："公司有规定，我们工作人员不能接触现金，否则会受到处罚。"接着，便给求职者指定一个银行账号，让应聘者将各种

费用汇入账户。

除了上面的押金（培训费）招聘、"公关高薪招聘"陷阱之外，还有一些确实想招聘的用人单位以高薪招聘为噱头，来吸引求职者，但在实际支付工资的时候却与承诺的相差很远。

这些用人单位心里清楚，寻找真正合格的、优秀的人才并不容易，但空缺的岗位又急需填补，情急之下，一些用人单位便想出了各种各样的歪招，假高薪就是其中之一。利用"假高薪"招聘的用人单位在面谈时，往往说得振振有词，让求职者觉得这份高薪水马上就可得到。然后便以自己的全部激情投入到工作中，可是真正到了发薪水时，公司又会以效益不佳、工作表现不满意等为借口，使原先的承诺大打折扣。

因为假高薪被骗的求职者不在少数。一位求职者曾经坦言，薪资不高曾是他心底难言的痛，他觉得以自己的能力应该得到两倍于自己工资水平的工资。当他看到有一家单位"高薪"招聘的时候，立刻就向原单位提出了辞职。不幸的是，所谓的"高新"只不过是诱饵，而他则是被不幸套住的猎物。公司以种种名义肆意克扣他的薪水，剩下的薪水与他原单位的相差无几，这令他后悔不迭。

此外，现在一些单位在招聘业务员、推销员的时候也利用"高薪"来吸引求职者。一些求职者到岗后才发现，单位规定的工作任务很难完成，"高薪"很难实现。比如，单位在招聘的时候声称月薪达1200元，但求职者到岗后，才发现底薪仅400元。这时公司会解释说："这是岗位的基本工资，其余部分都是业绩提成。如果能完成工作任务，就能拿到全额薪水。"

还有一些从事保险业的招聘人员也在用"高薪"拉拢求职者，他们殷勤地向求职者"炫耀"他们的高薪岗位。小高和小李是刚毕业的大学生，在人才市场上，半个小时内，他们就曾经遭遇了两家保险公司的轮番轰炸。他们对小高和小李说："月薪4000元～5000元，不用你去拉保险，我会教你如何去做的！上岗后可直接任筹划部主任，起点高，效益好。"当他们有意向对方表明要去另一家作业务员时，其中一家的招聘人员就立即抨击说："哪有天上掉馅饼的好事，你不拉保险怎么可能挣上高工资！"由此可见，"高薪"只是个陷阱，求职者必须认真考虑这个问题，不要被"高薪"冲昏了头脑。

在人才招聘市场上，流动招聘者为数不少，且以营销、物业、库管、售后业务接待之类的工作居多。这种不正规的招聘也是求职者需要提防的。

当你在求职路上面临"高薪"的选择时，一定要保持冷静，否则一不小心，就可能掉进"高薪陷阱"。怎样才能判断高薪是真是假呢？下面的建议可以作为参考。

首先，你要看行业特点和单位的实力。高薪并不是每行的从业人员都能得到的，行业特点是影响薪资水平的重要因素。如果以每月5000元的薪水招聘一名高级程序员，那么没有什么值得怀疑的；而要以这个数目招聘一名文员，那就让人不能不产生疑问了。对于单位实力的判断，可以从其注册资本、生产规模、市场占有率等方面入手。只有真正实力雄厚的单位，才会不惜重金广纳贤才。

其次，要看高薪的条件。不要因为看到高薪就心情激动，

热血沸腾，要知道高薪与高条件是相互依存的。有的单位就以不可能实现的目标为条件，一旦求职者上了钩，便以求职者未实现公司提出的要求而为所欲为，任意克扣工资。在求职之前，要对高薪的条件具体分析，看是否有不实的地方，看条件是否能够达到。

最后，还要看同类从业人员的薪资水平和自己的价值。其他同类从业人员的薪资水平是极有价值的参考，如果招聘单位的高薪与同类从业人员相差悬殊，那就有必要提高警惕了。此外，要认真审视自己，对自己有一个科学的认识和评价，看一看自己是否真的能够胜任将来的工作，能否应对各种难题和挑战。也就是说，自己的能力是否真的能够胜任这项工作。如果对自己没有足够的信心，最好还是退而结网，及时充电以提高自己的能力。

面对高薪，我们要时时提醒自己：越是诱惑性大的东西，越值得怀疑。这时我们就要用一双"慧眼"来认真识别真假虚实。比如说，某娱乐城在招聘行政人员，但在"面试"时却问求职者"酒量怎么样"，这就表明他们根本不是真的想招聘什么行政工作人员，而是变相找陪酒小姐。

对于刚刚走出校门的大学生来说，要摆好自己的求职心态，不要把薪金看得太重，对高薪抱有过高的期望。因为相对于那些有工作经验的老员工来说，刚踏上工作岗位的大学生只是个新手，用人单位怎么会给新手很高的待遇呢？面对高薪招聘广告，大学生要凭借自己的智慧认真识别，在看清对方的"庐山真面目"之后，再从容应对。

第四节　　传销陷阱

近几年，陷入传销陷阱的人有很多，有的被骗得倾家荡产，有的还"株连九族"，亲戚朋友也受到牵连。那么，什么是传销呢？大学生该怎样远离传销陷阱呢？

传销是指组织者或者经营者发展人员，通过对被发展人员以其直接或者间接发展的人员数量或者销售业绩为依据计算和给付报酬，或者要求被发展人员以交纳一定费用为条件取得加入资格等方式牟取非法利益，扰乱秩序，影响社会稳定的行为。

传销是一种非法的推销，一般分上家和下家来进行宣传和集中资金。进入传销时作为下家，会被上家实行极为苛刻的"洗脑"形式的教育，锦绣前程展现在你的面前，仿佛你马上就可以过上天堂般的生活，然后要求你进行投资。同时还会变相地隔离你与外界的联系，对你进行24小时的监控，以便从你身上挖到更多的钱。

国外的传销一般是作为正常的市场推销手段，但我国由于

传销组织严密，对人身控制很严，导致传销已成为一种非法拘禁形式的"抢钱"行为。一些进入传销组织的人，由于跟上家关系好或自己发展下家等手段成为上家，从此成为上家的他便陷入"不劳而获"的泥潭中无法自拔，结果很可能被法制部门抓到没收财产并且受到相应的惩罚。

青青本是一个很单纯的女孩子，被人以介绍工作为名骗到淄川。青青最早从事的是一种保健品的非法传销工作，就是这种虚无的保健产品，竟让她财迷心窍，成为传销骗子。为了圆自己的发财梦，她连骗4名同乡加入了传销组织。被骗的4个人全部被进行了"洗脑"，并缴纳了2600元的正式入会费。而青青就从介绍入会的费用中提取一定比例作为奖励。至于那种保健品，青青和她的同乡都没有见过。

还有一些大学生在打工时一不小心陷入传销的陷阱，这种例子也有很多。本来你应聘的是销售人员，是以销售人员的名义上岗工作，可公司却让你如法炮制去哄骗他人，不少同学在高回扣的诱惑之下，不惜欺骗自己的同学、老师和朋友。

小何就是被她的大学同学小邓骗到传销组织的。当时小何刚刚大学毕业，正在急着找工作。一天，为找工作忙得疲惫不堪的小何突然接到大学同学小邓的电话，说邀请她来广州学电脑。当小何到达广州站时，小邓和一同伴接的站，然后带小何乘面包车到达某地的一套房内。套房里有20多名青年男女，都是传销组织的成员。在到达后的第二天，小何被告知作网络销售，一个被称为刘哥的人给大家"上课"宣传业务。

上课期间，小何一直想离开，但同学小邓一直劝她，并告

诉她做这行能迅速发财，机不可失。过了几天，同学小邓的态度也变了，把小何当陌生人对待。而且，那里饮食非常差，没有见过肉菜。虽然小何想逃走，但一直没有机会。连她上厕所都有女成员监视。后来，有一次刘哥带她到附近菜场买菜。小何发现菜场有个后门，趁机甩脱刘哥才得以逃脱。

和小何的被骗经历不同，我们再来看看江帆被骗的案例。江帆是河南省某高校应届毕业生，一次到东莞外企求职的经历换来了她20多天的传销噩梦。

4月份一天，江帆接到一个区号为0769的电话，对方说是"威尔逊公司"，打算在郑州开分公司，要招聘销售人员。江帆曾经在河南求职网上发过个人简历，因此，对对方的电话也没有产生怀疑。对方告知她公司的网址，并说如果有意的话下午3点以后可以打电话过去。

放下电话，江帆按照对方提供的网址上网查看公司信息。输入网址，眼前豁然一亮，真的是一家外企！浏览了两遍以后，当天下午江帆便打电话过去。公司工作人员说要进行两轮语音面试，合格者到公司进行为期3个月的培训。对于找工作四处碰壁的江帆来说，这是个难得的机会，为了不耽误时间，江帆当场决定接受面试。

第一轮面试的主要内容是个人的基本信息，包括姓名、年龄、身高、体重、血型、毕业院校、所学专业以及性格特长等，大约10多分钟，面试结束。据对方负责电话面试的工作人员称，录音要提交公司人事部审核，两天之内通知结果。

第二天下午2点多，江帆在忐忑不安中接到了"威尔逊

公司"第二轮面试的通知。负责第二轮面试的是一位姓郭的外企主管，郭主管询问了江帆的为人处事、性格特点，以及自身的优缺点和专业方面的一些知识，还征求了江帆对公司加班、出差的看法，最后又考了两道性格测试题。这一切都让江帆对"威尔逊公司"深信不疑。

江帆在焦急不安中度过了周末，周一上午，她得到通知，她被"威尔逊公司"正式录取，电话中一个甜美的女声告诉江帆去培训时要带的东西：身份证及两份复印件、学历及获奖证明、一英寸免冠照片两张、一个月的生活费，并且告知如果面试信息严重不符、独立能力较差、有甲肝、乙肝等传染病者就不必去公司报到。

江帆很是兴奋，她告别了亲人坐上了开往东莞的列车，列车在前行，她觉得自己新的人生帷幕也正在徐徐拉开。

列车到站后，东莞"威尔逊公司"一名主任亲自到车站接江帆，并告诉她，第二天公司主管要和她谈话。这一夜江帆在兴奋中度过。

东莞"威尔逊公司"主管姓许，来自山东。许主管问了江帆一些基本情况和专业知识后，告诉江帆，她的工作是"网络销售"，并告知江帆真相，这里根本不是"威尔逊公司"，也没有她应聘的职位。"威尔逊公司"变成了网络销售，这是江帆做梦也没有想到的，此时的她欲哭无泪，大脑一片空白。

许主管警告江帆说："你可以先了解网络销售，适合就做，不适合可以找其他工作，只是东莞很乱，没有暂住证，出去要多加小心，被警察逮着了要罚款的……"

江帆的第一反应是上当了。第二反应是自己已经身陷虎穴。对于许主管介绍的网络销售行业，江帆基本没听进去，一直想着如何出逃。江帆的手机在刚才出门的时候，被公司同事以玩游戏的名义骗走了，现在的她根本无法报警，也通知不了任何人。

在和许主管谈话的整个过程中，江帆身旁始终坐着两个人，左边是一个女的，右边是一个男的，许主管坐在对面。据后来江帆了解，这样做是为了防止新人得知实情后，一时冲动而伤人，从心理学角度讲，右边更危险一些，所以要强壮的男性。

在接下来的几天里，江帆对这家公司的状况有了一定了解，她发现，几乎每个人都是被骗到东莞的。这家公司从每个省的人才招聘网上搜集信息，然后以"威尔逊公司"的名义进行电话语音面试，并在适当的时候邀其南下培训。江帆亲眼看到了公司语音面试及邀约过程，她发现上当的人中大学生居多。

直到有一天，江帆偷了手机，发短信跟家人说了网络销售的具体情况后，才知道自己身陷传销中。第二天江帆强烈要求离开公司，公司看到江帆20多天没有任何业务进展，就放她走人了。

江帆能有幸回到家乡，还算是传销中较幸运的。还有一些人，被"洗脑"之后，执迷不悟，最后，即使父母前往劝说，仍然动摇不了他的"决心"，结果亲手葬送了自己的前程。

白涛是吉林人，在吉林某大学计算机系读大三。暑期过后

返回学校，但过了两天，家里一直没有他的消息。以前他到学校之后都要给家里打电话报个平安，这次没有一点消息，这可把他的父母急坏了，把电话打到白涛的寝室，室友说白涛一直没有回来。

父母给白涛的几个好朋友打电话，仍然没有儿子的消息。就在白涛的父母急得要报警的时候，终于等来了儿子的电话。白涛对他的父母说自己通过同学介绍，已经到广东找到事做了。为了减轻家里的负担，他想早点出来做事，以后不再向家里要钱了。可是，没过几天，白涛接连打电话向家里要钱，告诉完银行卡账号，就匆匆挂断电话，他的父母连说句其他话的机会都没有。虽然给父母留下了电话号码，但那个号码从来就没有打通过。

无奈，白涛的父母让远在广东的一个亲戚帮着看看儿子的情况。

白涛告诉父母说他在一家市场干活，上午9点上班，晚上6点下班，每月500元的工资。可当在广东的亲戚到那家市场一个个摊位去询问的时候，都说没他这个人，而且那里都是5点下班，月工资再少也不会低于1000元。

当亲戚把这个消息告诉白涛父母的时候，父母更加担心了，联想到眼下电视播放的大学生被骗作传销的事件，白涛的父母想自己的儿子多半是被传销骗了。通过同学介绍出走、不断催促汇钱、留的电话打不通、所说的工作是假的，这一切都跟电视里放的传销悲剧一模一样。

此外，以前去学校，白涛的生活费都是按月寄的，可这次

临走时，他却让父母把整学期的生活费都交给他带走。因为白涛平时也不乱花钱，所以父母也没多想就答应了。没想到居然是被同学骗去作传销了。

　　白涛的父母在家里为他担心，而他却放弃了自己的大学课程，在外作起了传销，这是多么令人心痛的事情。真希望白涛早日觉悟，迷途知返。

　　那些正在找工作的大学生要以上面的案例为鉴，对一些公司和一些同学的介绍都要提高警惕，要知道，一步走错，步步错，到时候后悔都来不及了。

第五节　　智力剽窃陷阱

"智力陷阱"是指招聘单位以考试为名无偿占有求职者的程序设计、广告设计、策划方案、文章翻译等。由于聘请专家或者专业人才的费用较高，一些设计公司或者营销公司为了节约成本，便通过大规模招聘的方式来免费获取好的创意或者方案，使求职者陷入智力陷阱。与试用期陷阱及收取费用陷阱等相比，"智力陷阱"更隐蔽，更冠冕堂皇，更令人气愤。一些用人单位以考核为借口，堂而皇之地占有他人的劳动成果，性质极为恶劣，而近两年，利用"智力陷阱"来牟取利益的单位也越来越多。

现在，很多中小企业甚至个别大型企业都利用求职者在应聘考试中急于表现自己的心理，打着各类幌子物色免费劳动力。他们之中有的在面试时直接将公司新接下的项目作为考试题目交给应聘者完成，有的在面试时要求学生完成特定任务，这相当于帮公司完成一个短期项目，项目结束之后就叫学生走人。还有些小的广告公司在招聘员工时，常常会要求应聘学生

按照命题写一个策划文本或者草拟一个产品的广告语，但之后就不了了之，实际的真实目的是吸纳学生的策划和创意。这种在不付出任何成本的情况下骗取应聘者劳动成果的现象在广告界、方案策划、设计、咨询业表现得最为突出。

智联招聘曾经调查了2000多名求职者，其中55％受访者表示自己曾被招聘企业"坑"过。这些企业利用求职者急于找到工作的心理，设下各种招聘陷阱，其中新出现的企业剽窃应聘者创意的"智力陷阱"占到23%；另外比较突出的试用期陷阱，占25%；收取费用陷阱最多，占了27%。在创意剽窃的案例中，广告界所占的比例比较大，"智力陷阱"比较多。

小姚是一名应届毕业生，学的是设计专业，他的设计稿应征曾连续多次获奖。后来他到某广告公司应聘，公司在看了他许多设计作品后表示赞赏，但还要"检验"一下他的真实水平。于是，公司提出新的设计任务——一家商场展示布景图，在接受这个任务之后，小姚很快拿出了自己的创意设计作品。

没想几天后，当小姚还在等待公司的通知时，却意外地发现自己的设计已在某商场按图施工了。小姚对此很是气愤，于是给公司打电话，面对小姚提出的责问，该公司负责人却轻描淡写地说："相同的设计图也是有可能的。"

企业剽窃应聘者创意的"智力陷阱"在广告界很普遍。一些广告公司的老板在侵占了求职者的智力后，还得意地认为：公司和求职者并没签下任何协议，即使求职者去告也是无济于事。

在各种剽窃行为中，发生最多的要数剽窃他人的"好点

子"，有59%的被调查者遇到过这样的情况，被求职者公认为"防不胜防"；其次是剽窃人家的观点、文章，剽窃人家的设计和程序，分别列第三和第四位。

在求职的过程中，我也曾经陷入"智力陷阱"，而且不止一次。当时去一家文化公司面试，该公司主要是出英语高考试卷、词典之类的书。和我去的还有另外一个小姑娘，在问了我们的个人基本情况之后，开始笔试，翻译英文资料。当时，没有什么防备心理，认真地完成了对方交给的任务。之后，面试的人说我们还可以，但还要试试工作能力。然后就分别发给我们不同的英译汉、汉译英题让我们做。当我们做完之后，又给分配了新的任务。就这样，无偿为对方白白工作了一天。当时真的是求职心切，根本没有考虑上当受骗的问题，而且总觉得公司不会那么不讲道德吧？

下班的时候，负责招聘的人告诉我们还要来两天，然后再决定是否录用，明天会有新的任务。回到家，和同学聊天讲起此事，同学告诉我这是骗局，不让我去了，但我真的是鬼迷心窍了，想法太简单，把公司想得太好了，第二天还是去了。

那个小姑娘也来了，负责人又交给我们新的任务——整理词典，还有针对高考英语阅读短文的答案并写出选答案的理由。当时觉得，这样的试卷应该是由老师来出，解析也应该由老师来做。但因为想得到那份工作，还是绞尽脑汁地在那忙着。

忙到下午3点的时候，我感觉头有些沉，眼睛有些发花，看着屏幕上的英语单词开始晕眩，但还是坚持忙完手头的任务

并交给了负责人，负责人又开始分新的任务给我们。难得的
是，我突然间觉悟了，觉得自己就是被人利用的机器，以前的
面试最多一天，而且也没有这样不停地工作。这哪是考核，明
明是白白的压榨和剥削！

还有一次是应聘策划，到一家文化公司面试。公司给我一
个选题，让我写出方案。此外，还让我写出对另外一个选题的
看法。我也很实在，认真地开始策划，认真地做选题。当我把
自己的方案和看法交给公司领导的时候，公司领导让我谈一下
我的基本情况以及对目前图书走向的看法，无意中流露出公司
要做这个选题。对我的策划，对方表示满意，但说还要测试一
下。之后又给我两个选题让我策划，让我两天后发到对方的邮
箱里。

此外，还遇到过应聘的公司在收到我的求职信没有面试的
情况下，直接把求职回复发到我的邮箱里，让我根据选题来策
划，策划好之后发过去的。因为被骗过，所以对这种信件一律
采取删除的措施。

我的这些经历和教训也是现在正在求职的大学生值得借鉴
的地方，对于将要面试的公司，一定要事先做个调查，有个大
致的了解。面试的时候，如果对方让你做方案，你得根据情况
看是否有必要。如果你对公司提供的待遇等各方面的条件都很
满意，那么也可以做，但做一个就足可以表明你的能力了。如
果对方看了你的方案之后，还有其他的要求，那么你就要有所
警惕了。

现在的就业形势越来越严峻，很多企业、劳务中介公司都

会利用求职者急于找工作的心理来欺骗求职者。因此，在求职过程中，求职者要提防各种求职欺诈行为，特别要防范对方剽窃自己的创意。

求职者在提交自己的创意设计、方案、"好点子"时，最好留有创作的证据。可以准备两份，一份提交，一份自己留存，在留存份上要求招聘单位签字确认，以便将来能够证明劳动成果属于自己所有。还可以事先和公司约定好策划或者创意的劳动版权问题，声明你的创意或者策划未经本人允许，任何单位和个人不得随意使用或者是将本策划案转借他人，否则，你将保留追究法律责任的权力。这样，一旦你的作品遭遇剽窃行为，必要时就可以通过法律维护自身的权益。

第六节　　演员陷阱

17岁的小秋独自从农村老家到北京来找工作。经历了几次应聘后，她发现凭借自己的初中学历根本无法获得一份理想的工作。正当小秋一筹莫展的时候，报纸上的一则招聘启事引起了她的注意。上面写着招临时演员，包吃、包住，不仅可以演个角色，还能挣钱，小秋看后下定决心要把握住这个难得的机会。

按照广告上的地址，小秋找到了那家招聘群众演员的公司。工作人员告诉小秋，她的相貌和气质很有潜质，有希望成为专业演员，这些话让小秋怦然心动。

小秋告诉工作人员自己刚到北京来找工作，还没有找到自己的发展方向，对方马上就推荐她应聘当剧组的群众演员。只要过了剧组的群众演员考试，不仅能包吃、包住，连来回路费也包，一分钱都不用自己花。

随后小秋被带到了考试现场。考试就是拍剧照，工作人员解释说这些剧照是送到剧组导演手里用来选角色的，如果通过

了就能跟剧组。这个考试是免费的，不过剧照的冲印费得小秋自己承担，一共是498元。看到小秋有些犹豫，工作人员又补充说，如果小秋被录取了，上戏3个月后，剧照费公司就给报销；如果没有被录取，钱马上就退还给本人。听工作人员这么说，小秋踏实了很多。

面试的第二天，小秋接到通知，被录取了。当时小秋感到很兴奋，自己还偷偷地在心里算了一笔账：按照公司广告上许诺的最低收入每天50元算，一个月30天至少能挣到1500元。在小秋的老家，这可是全家半年多的生活费呀！想到自己不仅很快就可以成名，还能挣大钱，小秋很庆幸自己找了份好工作。

坐着免费的包车来到了影视基地，小秋被安排住在一个农家小院。刚刚放下行李，这里的管理人员就通知他们明天开始参加拍摄，小秋顿时开始飘飘然了。她没想到梦想那么快就要实现了。然而，第二天小秋并没有等来拍戏的消息，而是等来了管理人员收费的通知——要交管理费300元。公司已经承诺不再交钱了，现在又要收管理费，这让小秋感到莫名其妙。

收费的管理人员告诉小秋，不交钱就不让演戏。想到已经交出去的498元，要拍3个月的戏才能拿回来，小秋不得不交了这300元，此时她的手里还剩下不到20元。想到公司已经承诺管吃住，面对手里仅有的20元钱，小秋觉得等到发工资还是没问题的。然而，想不到的事恰恰在上戏第二天发生了。当天没有小秋的戏，而公司突然不管饭了。以基地每天至少10元钱的开销来算，小秋觉得有些承受不起了。

不过一想到一个星期以后就可以领到工资了，小秋决定

坚持下去。在没有戏演的日子里，她坚持每天只吃一个3角钱的馒头。好不容易盼来了第一个结账日。但等工资发到手里的时候，小秋傻了眼，工资少得可怜，根本不是公司一开始承诺的那样每天至少50块钱，工资少得甚至不能维持小秋的基本生活。

当小秋的生活开始捉襟见肘时，群众演员每天走来走去的工作也让她看不到自己的前途在哪里。此时其他没有拿到劳务的群众演员，因为无法维持生活都陆续离开了。小秋也不得不放弃继续留下的念头。

没有什么学历从农村走出来的小秋，原以为自己找到了一份轻松、体面而又容易赚钱的工作，可伴随着演员梦的破灭，她知道自己上当受骗了。花了相当于全家半年生活费的1000多元钱，只是让自己做了一个肥皂泡一样的明星梦。

一位专门负责群众演员的副导演曾经透露说，公司承诺的三包政策有水分。剧组提供的免费餐，变成了公司对群众演员免收饭钱的承诺，住宿费和车费其实来自小秋他们交的300元管理费。而且像小秋这些应聘群众演员的一般是不用拍剧照的。

影视公司承诺不再额外收费，而到了影视基地以后照收不误，这又是怎么回事呢？后来小秋了解到来当群众演员的影视公司和群众演员基地，根本就是两个不正规的中介公司。收取小秋剧照费的影视公司直接给群众演员管理公司提供人员。而群众演员管理公司再根据剧组对人数的需求，把群众演员送到组里去。正因为他们不是同一家中介，所以巧立名目各自收费。而且群众演员拿不到工资并不是因为剧组没有把劳务给中

介,而是因为群众演员不直接面对剧组,所以让中介公司钻了空子。他们不给群众演员发足额的工资,一方面可以获利,另一方面可以让小秋他们在生活坚持不下去的时候自己走掉。

其实,像小秋这样以当演员的名义被骗的青年有很多,其中不乏一些大学生。肖军刚上大学的时候,想在周末找个兼职工作。在招聘广告上看到一个作演员的工作,于是欣然前往,之后很快就通过了面试。公司没要什么建档费,也没要什么证卡费,这使肖军感到很高兴,觉得应该没有什么问题。当肖军要走的时候,对方要肖军的照片,并介绍了一家照相馆,说那的照片照得好。肖军问多少钱,那人告诉他200元。肖军想也许那的和别的地方不一样。照片洗出来一看,和别的地方一样!这时肖军才知道自己上当了。

段毅是某师范大学的学生,他讲述了自己的被骗经历。他是在公交车的电子流动广告上看到招聘演员的信息的,之后,他便拨通了对方的电话并按对方提供的地址进行面试。面试者很多,剧组在收取报名费100元并要求他们做了几个表演后,就让面试者回家等通知。

回家不久,段毅便接到了剧组的电话,剧组告诉他已经通过面试可以前去签订合同。后来了解到,所有的面试者都接到了这样的电话,告诉他们去签合同。当时,也有些同学对此表示怀疑,但发现有个学生曾带警察到该剧组查过,警察称其有营业执照,于是大家也就相信了。在签合同的时候,大多数人交了800元的押金,并得到每个月3000元收入的许诺。

在段毅签约的那天,就有20多名学生交完800元后与该剧

组签约。签约那天是11月20号，他们都得到了11月25日开机的通知。11月24日，他提前一天去询问开机事宜，但发现原来面试的房间正在装修，但装修的师傅并不是剧组请来的。他发现，给他们做面试的七八个人和办公用品也不见了踪影。

第二天，前来准备试机的学生有几十人，都是当地的大学生，也都是受骗者。像这样以招聘演员为名来欺骗求职者的案例有很多。2006年10月，成都市某人才交流中心打着剧组招演员的幌子，收取建档费、考试费每人300多元，上当30多人，被骗金额上万元；2007年年初，广州市某广告公司，打着预约演员的旗号收取预约费每人800元，被骗金额接近5万元；2007年2月，北京某影视公司招聘演员，收取每人10元报名费、100元办证费、1000元服装押金，近百人受骗，被骗金额10万多元。

一些黑公司、黑中介利用求职者急于找工作的心理特点，以当演员作幌子，以一夜成名为诱饵，一步一步诱骗他们上当受骗。常见的招聘场景是这样的：

在某大厦的写字楼里租一间办公室，房间门上贴"剧组筹备处"，房间内墙上贴有很多剧照或者美女搔首弄姿的照片，让你一进去就有种眩晕的感觉。房间内并排放几张桌子，桌子后有几个人，正襟危坐，每个人面前摆个类似法庭上身份标示牌的牌子，中间一般坐个年纪稍长者，表情最为庄严，牌子标示——主考！主考两边坐着年轻人，一般为俊男靓女，表情也很严肃，面前牌子标示监考或副主考！房间内还有个跑进跑出打杂的人，一般是个外形时髦的小伙子，当你进门的时候，他会要求审查你的身份证，然后交到"主考"处审核。

　　来自四面八方的做着演员梦的人在这里面试，面试的过程一般是先做自我介绍，再唱首歌或朗诵首诗，条件好的还会用个摄像机给你从各个侧面照一下……一切完成之后，他们会说：恭喜你！你很有做演员的天赋！你被录用了！但需要交纳××元的建档费，或者以照照片为名收取一定的费用。这些公司先用你有当明星的潜质让你动心，接着就开始宣扬包吃、包住、包路费的三包政策，让你完全沉醉其中。

　　那些走在求职路上的大学生一定要以上面的案例为戒，小心骗子设下的演员陷阱，不要为对方的花言巧语所欺骗。

第七节 其他陷阱

考试陷阱

最近，有少数单位在招聘的过程中以入门考试为由，要求求职者购买一些所谓的公司资料，在较短期限内背熟，然后再进行考核，通过之后予以录用。但是，等到考试的时候，求职者却发现考试的内容并不是按照所给的资料来出的，结果致使求职者不能通过考核，最终不能被录用。

实际上，如果是正规的公司，即使需要公司提供相应的资料、通过考试来决定是否录用求职者，也会免费向求职者提供公司的资料，根本不会向求职者收取任何费用。因此，在面试的时候，一定不要轻易向用人单位购买商品或者签订类似推销协议。

培训陷阱

一些单位在招聘的时候会在信息上注明"先培训后上岗"，但真正培训之后录用上岗的情况并不多，更多的是培训结束就没有了音信。

招聘岗位陷阱

一些公司在招聘广告上把职位写成是"销售总监""市场部经理"，结果到了岗位，应聘者却发现其实是去作业务员、销售代表等工作。还有的单位以"先到基层锻炼锻炼"为幌子，欺骗求职者，使他们继续为公司卖命。

招聘岗位陷阱使得求职者就职后往往大失所望，心理落差很大。但是有些求职者由于种种原因，选择了安于现状，继续干这份工作，从而对自己的职业生涯产生了很大的负面影响。

因此，求职者在找工作的时候一定要搞清楚职位的具体内容，仔细分析，认真询问工作细节。比如有的用人单位提供的是虚而不实的职位，冠以好听的头衔，但却强调无须经验，这就是一件值得怀疑的事情。

实战陷阱

实战陷阱是招聘单位以某种名义让求职者无偿为招聘单位工作的陷阱。近两年来，用人单位面试中对应届毕业生采用"先用后聘"的"实战招聘"方式已屡见不鲜，由此也引发出诸多的纠纷和争议。可能其中有些单位"实战"的目的确实是考察求职者，但不可否认，有很多公司是为了获取免费的劳动力。因此，大学生在应聘的时候需提高辨别能力，既要抓住机会，又要避免进入对方的圈套。

以"考察"为名、图自身之利的"实战招聘"可以归纳为三种主要招数：

第一种是打着"考察"、"锻炼"等旗号，让求职者无偿推销商品。这些单位会解释说，营销本身就靠市场来检验，这

种"实战招聘"是对营销人才选拔最为有效的方式。既然要招聘营销人才，那么采取这种招聘方法本无可厚非。实际上，他们的目的无非是"白用"求职者。

第二种是借"写策划"、"作方案"等名义，窃取求职者的创意。这也是在前面提到的"剽窃创意陷阱"。

第三种是用人单位全面"撒网捕鱼"。无论应聘者应聘的是市场营销还是创意设计，一概来者不拒，"欢迎实习"，收进一大批"实习生"。等到快要到试用期的时候，便以某种借口将所有人辞退。有的企业就常年不断地招收实习生，以填补公司的人手空缺。

毕业生"实战"问题，是一个法律真空地带，这使大多数求职者在求职时难有权益保障。面对规则的空白，学校、劳动部门和法律部门都有责任通过事后追诉等办法，共同保护求职者在应聘过程中的权益。另一方面，政府要制定详细的就业市场准入规则，规范招聘市场。

读后讨论题

（1）求职时应该注意的事项。

（2）求职的陷阱有哪些？